Viviendo El Camino de Jesús

Principios Diarios para una Nueva Vida

CHRIS HAZELIP

ISBN: 9798847241892 (sc)
Impresión: publicado de forma independiente

Versión en Inglés de "Living Jesus Way" esta disponible en www.amazon.com/dp/1512770175

Para más información del autor, por favor visitar www.chrishazelip.com

Contenido

RECONOCIMIENTOS

A mi esposa, Sally: "Tu y yo podamos vivir nuestras vidas al mismo tiempo en la tierra, que increíble el plan de Dios." ¡Has pensado, si Flavia se dio cuenta cuando escribo esto de nosotros! Te amo, amor. Tú me has hecho un hombre mejor y estoy agradecido por siempre.

A mis hijos, Christianna, Carly, Christopher, and Collin: ustedes tienen algo bueno de mí y algo de lo peor de mí, no estoy seguro cual me vuelve más loco. Agradesco a Dios que el mezclo todo hasta ser un único "tú" y me dan un gran gozo firmar mis textos y correos electrónicos, "Te amo, Papá" lo digo en serio.

A mi Pastor y amigo de la vida, Timothy Lusk: Me alegro de que estemos juntos en este viaje.

Para mis clases de estudio Biblico de los domingos por la mañana através de los años. Gracias por el ánimo y amor. Ha sido un privilegio ser llamado "profesor."

Y aquellos que hicieron posible esta traducción al español:

Traducido al español por Gissella Contreras.

Revisión gramatical por Susana Casco.

Arte de portada por Rosana McIntosh, www.rosanacasco.com.

Fotografía y diseño de portada por Nicole Myhre, www.nicolesphotography.com.

¡Muchísimas gracias! Ha sido un honor trabajar juntos para Cristo y su Reino.

Chris Hazelip

Jacksonville Beach, Florida

INTRODUCCIÓN

Este libro puede cambiar tu vida. Esto no es una hipérbole es un hecho. No tiene nada que ver con la habilidad del autor y todo está relacionado con la persona y la enseñanzas de Jesús. Lo que seas, lo que las circunstancias de la vida, lo que fue tu pasado o tú bagaje, como sea tu personalidad, tú puedes cambiar ahora. Tú podrías ser libre o estar encarcelado, ser rico, ser pobre o de clase media. Podrías ser capitalista, socialista o comunista. Podrías ser Demócrata, Izquierdista, Liberal, o no pertenecer a ningún partido político. Puedes vivir en una sociedad relativamente libre o bajo mucha presión, en un régimen totalitario. Puedes estar casado-a, soltero-a o divorciado-a, heterosexual, gay, bisexual o transexual. Cualquiera y todos pueden experimentar la profundidad de un cambio por ser seguidores de Jesús. Nadie es excluido, quien quiera venir que venga.

Desde el principio Jesús compartió su camino en cómo vivir, millones de personas de todos lados, ámbitos de la vida, todas las convicciones políticas, todas las condiciones socioeconómicas, todas las orientaciones sexuales, todas las razas, etnias o de orígenes nacionales a lo largo del tiempo de cada época o era, ha sido un vivir profundo en que sus enseñanzas cambian la vida en forma positiva. Si decides vivir de la manera en que Jesús enseño, las circunstancias de la vida tal vez no cambian, pero el cambio está en ti, será inmediato y notorio por aquellos que te conocen. Y en el medio de tus circunstancias, si tienen desafíos o por difícil que sean habrá consecuencias de tus propias elecciones, las elecciones de otros influirán sobre ti, o una combinación de ambas, tu experimentaras; paz, gozo, amor y esperanza; ¡Piensa en esto! ¿No es eso lo que realmente anhelas? Ademas tu persona con el tiempo te mostrara paciencia, amabilidad, bondad, autocontrol y otras cualidades universalmente valoradas.

No necesitas una preparación, no hay un pre-requisito de "casa limpia." Al comenzar el día haciendo una cosa que Jesús dijo, "Hazlo" o te abstienes de una cosa porque él dijo, "No lo hagas", tu cambio de vida comenzara. ¿Interesado-a? Sigue leyendo.

CAPÍTULO 1

Creyentes Verdaderos

Dije Soy un creyente si, si, si

-The Monkees

Si alguna vez has viajado con la mochila al hombro en el camino de un bosque denso y rocoso, usando una brújula y un mapa topográfico, sabes la importancia de una orientación adecuada. Hay una pequeña esperanza de alcanzar el destino del día, algo de agua es vital y tener una orientación precisa y tratando de seguirla de cerca. Si estás un poco cansado, incluso fuera de curso sea un grado o dos en el transcurso de un día completo se perderá tratando de ir a donde estas tratando de llegar.

Cuando estaba en la Universidad antes del uso del GPS, pase dos semanas en una excursión en un bosque; abriendo caminos de malezas en Northwoods de Michigan y me familiarice con las lineas de contorno, que reflejan la elevación del terreno por la forma en que esas lineas aparecen en el mapa. Cuan mayor sea el cambio de elevación mas cercanas estarán las líneas de contorno. Después de unos días en el bosque, identificar dónde te encuentras en el mapa no es una tarea fácil, implica buscar atentamente las características en el terreno circundante que pueden ser únicas, como una berma un acantilado o un cambio y luego intentar para que coincida con las líneas de contorno que son onduladas en el mapa. Una vez que interpretas dónde estás, puedes establecer la orientación en la brújula y dirigirte a tu próximo destino. Si estas equivocado en tu lugar o en tu punto; al final del día, todavía estarás perdido.

Algunos de nosotros cuestionaríamos en la vida; dónde estamos y hacía donde nos dirigimos, estos son asuntos importantes y dignos de nuestra atención. Y al igual que una persona que viaja con su mochila en el bosque, nuestras propias experiencias que son reales y humanas nos enseñan que ambas hacen una diferencia crucial en nuestras vidas.

Jesús tiene mucho que decir sobre cómo dirigir la vida. Él se llamó así mismo "El Camino" y esto lo extendió con una simple invitación a sus primeros discípulos "Sígueme". Este llamado esencial nos recuerda que desde el principio de su ministerio que fue de 3 años y hasta el final le dio la importancia a cualquier persona que pudo escucharle no importándole el punto de inicio de él o ella. La biblia da cuenta que él invitó a todo tipo de personas a seguirlo, incluyendo aquellos que eran menos ricos, pobres, religiosos, paganos, enfermos, discapacitados, saludables, populares o despreciados, y estos consistían en; empresarios o lideres comunitarios, viudas, soldados y gente normal de clase trabajadora. Cualquiera que sea el momento, o circunstancia o lugar en la vida, Jesús se mantuvo a sí mismo como el "rumbo" que deben seguir desde donde estaban.

¿Qué significa seguir a Jesús? Algunas veces pensamos o actuamos como si simplemente estuviéramos de acuerdo con algunas proposiciónes sobre él. Se dice que Jesús hizo muchas afirmaciones sobre sí mismo que son verdaderas y trascendentales y no es de extrañar que haya cautivado algunas de las mentes más grandes en la humanidad durante más de veinte siglos. Por ejemplo, Él afirmo ser el Mesías prometido en el Antiguo Testamento (Juan 4:25, 26), Hijo de Dios (Mateo 16:16,17), Igual a Dios (Juan 10:30), Existente desde la eternidad pasada (Juan 8:57, 58), y teniendo el poder de perdonar pecados (Mateo 9:2). No solo eso, los relatos de la vida de Jesús describen muchos milagros alucinantes que realizó y luego habló de encuentros con sus adversarios y simpatizantes. Algunas Iglesias y personas que se identifican como seguidores de Cristo proclaman que la cualidad esencial al comienzo de ser cristianos es el conocimiento de las "leyes espirituales" y otras declaraciones que son correctas sobre Jesús y su vida.

Pero Jesús hace una aclaración, que sus seguidores genuinos se caracterizarán por algo más. Proclamar que las palabras que él trajo es literalmente un mensaje de Dios Padre (Juan 14:24; 7:16). Jesús dijo que aquellos que creen en él y lo aman son aquellos que toman su palabra con seriedad y hacen lo que él dice (Juan 14:12, 21, 24). Aquellas personas son sus amigos (Juan 15:14). Los verdaderos creyentes hacen las obras que Jesús vivió en su vida (Juan 14:12), No significa que debemos duplicar sus milagros, pero más bien deberíamos vivir nuestras vidas de la forma que él vivió la suya. Y Jesús nos recuerda que tenemos la oportunidad de hacer esto incluso más que él, ya que su vida estaba a punto de interrumpirse después de solo treinta y tres años (recién comentado) Los seguidores de Cristo reconocen y responden a las enseñanzas de Jesús como lo que él decía que era: La palabra de Dios acerca de cómo debemos vivir.

Y es un asunto de mucha importancia y son pensamientos reiterados que se encuentran en los escritos de su ministerio:

> No todo el que me dice: "Señor, Señor", entrará en el reino de los cielos, sino sólo el que hace la voluntad de mi Padre que está en el cielo. Muchos me dirán en aquel día: "Señor, Señor, ¿no profetizamos en tu nombre, y en tu nombre expulsamos demonios e hicimos muchos milagros? Entonces les diré claramente: "Jamás los conocí. ¡Aléjense de mí, hacedores de maldad!" Por tanto, todo el que me oye estas palabras y las pone en práctica es como un hombre prudente que construyó su casa sobre la roca. Cayeron las lluvias, crecieron los ríos, y soplaron los vientos y azotaron aquella casa; con todo, la casa no se derrumbó porque estaba cimentada sobre la roca. (Mateo 7:21-25)

Aún en la Gran Comisión que Jesús les dio a sus seguidores de "ir y hacer discípulos, bautizándolos en el nombre del Padre del hijo y del Espíritu Santo" incluyendo el mensaje central que sus discípulos son aquellos que "obedecen todo lo que él enseño" (Mateo 28:19-20).

Jesús nos ha mostrado el camino a vivir como Dios quiere que vivamos. Los seguidores de Jesús de antes y de hoy adoptan a su manera practicando los principios del modelo que él nos enseñó. Si no estamos siguiendo el camino de la vida no somos seguidores de Cristo. Como el apóstol Juan lo dijo:

> ¿Cómo sabemos si hemos llegado a conocer a Dios? Si obedecemos sus mandamientos. El que afirma: <Lo conozco>, pero no obedece sus mandamientos, es un mentiroso y no tiene la verdad. En cambio, el amor de Dios se manifiesta plenamente en la vida del que obedece su palabra. De este modo sabemos que estamos unidos a él: el que afirma que permanece en él, debe vivir como él vivió. (1 Juan 2:3-6)

De hecho las escrituras muestran que si reconocemos correctamente quién es Jesús sin seguir sus enseñanzas, ni siquiera se nos hace distinguibles de aquellos "demonios."

> Cuando Jesús llegó al otro lado, a la región de los gadarenos, dos endemoniados le salieron al encuentro de entre los sepulcros. Eran tan violentos que nadie se atrevía a pasar por aquel camino. De pronto le gritaron: ¿Por qué te entrometes, Hijo de Dios? ¿Has venido aquí a atormentarnos antes del tiempo señalado? (Mateo 8:28-29)

Como enseñaron los primeros líderes de la Iglesia,

> Así también la fe por sí sola, si no tiene obras, está muerta. Sin embargo, alguien dirá: "Tú tienes fe, y yo tengo obras." Pues bien, muéstrame tu fe sin las obras, y yo te mostraré la fe por mis obras. ¿Tú crees que hay un solo Dios? ¡Magnífico! También los

demonios lo creen, y tiemblan. (Santiago 2:17-19)

Las palabras vacías, incluso las palabras correctas, rara vez nos impresionan, no debería ser una sorpresa que no impresionen a Dios.

A veces las personas que dicen ser seguidores de Cristo pueden engañar a otros e incluso así mismos. Hay delincuentes y estafadores en las Iglesias que tratan de esquilar a las personas vulnerables y confiadas, generalmente de manera financiera o sexual. Esta realidad ha plagado a la Iglesia desde sus primeros días y es objeto de varias advertencias bíblicas (2 Pedro 2:3; 13-14; 2 Timoteo 3:6). A lo largo de la historia de la Iglesia cristiana, los impostores han acechado como lobos con ropa de oveja sin embargo lo que es más alarmante que ser engañado por otro es el autoengaño, donde las personas que se han convencido así mismas de que son seguidores de Jesús descubrirán que nunca él les conoció (Mateo 7:23). Él apóstol Pablo por lo tanto alentó al autoexamen:

> Examínense para ver si están en la fe; pruébense a sí mismos. ¿No se dan cuenta de que Cristo Jesús está en ustedes? ¡A menos que fracasen en la prueba! Espero que reconozcan que nosotros no hemos fracasado. (2 Corintios 13:5-6)

Entonces, ¿Qué es lo que distingue a un creyente verdadero de aquel que está buscando como engañar a otros o atrapado en la angustia del autoengaño? Otra vez Jesús dijo; se hará la voluntad de Dios. "No todo aquel que me llame, 'Señor, Señor entrará al reino de los cielos, pero solamente aquellos que hacen la voluntad de mi Padre que está en el cielo. (Mateo 7:21). Declaró que este era también su propósito: "Porque he bajado del cielo no para hacer mi voluntad sino la del que me envió" (Juan 6.38), y caracterizo a su familia: "Pues mi hermano, mi hermana y mi madre son los que hacen la voluntad de mi Padre que está en el cielo (Mateo 12:50).

Este no es el mensaje de salvación por obras. La sorprendente, grandiosa y libertadora noticia del evangelio es que somos salvos por la gracia de Dios a través de la fe. No podemos ganar el favor de Dios o la aceptación, es un regalo inmerecido (Romanos 6:23; Efesios 2:8-9). Jesús enseño reiteradamente a través del Nuevo Testamento, en el principio la relación con Dios es genuina, y siempre será basada por la fe. Pero la fe real es siempre revelada y confirmada en el camino de nuestras vidas; así es la fe sin obras es muerta (Santiago 2:17, 22).

No solo es vivir la vida de la forma que Jesús enseño con el sello característico de sus verdaderos seguidores. Si no también prometió que afectará profundamente nuestra experiencia de vida. Cuando practicamos vivir a su manera, Jesús nos asegura que tendremos la fortaleza en las inevitables tormentas de la vida a pesar de nuestra vulnerabilidad humana (Mateo 7:24-25). Experimentaremos la vida verdadera, una conciencia a la manera que nuestro creador nos diseñó para vivir de modo que ya no tengamos que vagar en la oscuridad (Juan 8:12). La vida vivida a la manera de Jesús es abundante y completa (Juan 10:10) y los resultados en nosotros serán "Bendición y Felicidad" (Mateo 5: 1-11), nos llena de gozo que es "completo" (Juan 15:10-11). Es la vida que revitaliza el espíritu, como un nuevo renacido (Juan 3:5-8), y es espiritual en su origen. (Juan 6:63). Esto es vida con calidad eterna en donde conocemos a Dios (Juan 17:3). Y continuar la vida en el camino de Jesús que nos brinda paz no importando los problemas o desafíos que estamos pasando:

> Yo les he dicho estas cosas para que en mí hallen paz. En este mundo afrontarán aflicciones, pero ¡anímense! Yo he vencido al mundo. (Juan 16:33)

Sorprendentemente, la vida puede ser vivida por el camino de Jesús, sea cual sea nuestro punto de partida o circunstancias de la vida. Es y ha sido vivida por personas ricas o pobres, enfermas o saludables, jóvenes o viejas, cautivas o libres, de todas las razas y en todos los continentes, independientemente de los países y los sistemas políticos y económicos, así la asamblea genuina de los seguidores de Cristo es maravillosamente diversa y está compuesta de todo tipo de personas de todas las tribus, naciones y lengua.

Tal vez hayas alcanzado el punto en el que estás buscando una nueva forma de vivir tu vida, de una manera donde el tiempo confirma y muchos lo consideran verdadero, efectivo y digno. Por lo tanto, quien seas y sea lo que hiciste o hayas fracasado, hay un camino disponible, un camino lleno de propósito, esperanza, amor, gozo y paz. Jesús dijo yo soy el camino. Su mensaje es tan relevante hoy como cuando lo proclamó. La forma en que enseño y nos mostró vivir a través de los siglos como una vida inolvidable dada en demostración de lo que significa vivir a la manera de Dios. Es la forma en que la vida funciona mejor y la forma en que fuimos diseñados por Dios para vivirla. Y la promesa en que tú y yo podamos empezar a vivir así ahora. Tu vida o la mía podrían caracterizarse por las más terribles elecciones y disfunciones del pasado e incluso hasta este momento, pero podemos terminar de leer esta página y hacer un cambio, renovarnos y es un camino diferente, en una nueva dirección. George MacDonald en sus palabras desafiantes dice,

> Levántate, hace algo que el maestro te dirá. En el momento en que lo haces instantáneamente te conviertes en su discípulo. En lugar de preguntarte a ti mismo si crees o no, pregúntate si has hecho en este día una sola cosa porque Él lo dijo, "Hazlo" o una vez que te abstuviste porque dijo, "No lo hagas" ... Es simplemente absurdo para decir que crees, o incluso quieres creer en Él, si no haces nada de lo que te dice. (MacDonald 2008, 213)

¿Entonces cómo puedes vivir en el camino de Jesús? Vamos a descubrirlo juntos.

CAPÍTULO 2

Amando a Dios

*Me mueves. No puedo ir contigo y quedarme donde
estoy para que me muevas.*

–Pierce Pettis

Al principio de mi carrera legal, estaba ayudando a uno
de los socios principales de nuestra firma, con un juicio
del jurado en la corte federal. Una de las cosas más
difíciles para mí como abogado litigante, especialmente
en mi exuberancia juvenil, fue sentarme como segundo
presidente de abogado, y líder en juicios. En ese rol, mi
trabajo, al menos durante las partes del juicio que se
llevaría a cabo frente al jurado, era principalmente
brindar apoyo a mi jefe. Debía estar al tanto de todo lo
que estaba ocurriendo y anticipar, reconocer y estar
completamente preparado para abordar los problemas
legales que pudieran surgir en un momento.

Cuando el juez federal y con mucha seriedad entró
en la sala del tribunal al grito del oficial "¡Todos se
levantan!" y el tribunal fue llamado a la sesión, estuve
ansioso y nervioso, listo para entrar en la batalla
después de meses de preparación.

El juez dijo, "Siéntese, y luego miró hacia nuestra
mesa y le pregunto al abogado, ¿está listo para
proceder?

Me puse de pie incluso cuando mi jefe estaba de pie y exclamó "¡Sí, Señoría!"

Algo diplomático, pero en términos inequívocos, mi jefe se volvió hacia mí, se aclaró la garganta y dijo: "Yo, tengo esto". Con esas tres palabras, me pusieron en mi lugar, recordé que mi rol en el juicio sería servirle a él como el abogado principal y yo no necesitaba hablar con el juez a nuestro favor. Fue una lección humillante que continúa aflorando en mi vida, pero a veces de maneras diferentes e inesperadas.

Recientemente estuve jugando en un torneo de golf de un club local en el que participaron equipos de dos hombres. Nuestros oponentes se quedaron con un putt de 2metros a 3 metros para ganar el hoyo y el partido, y mientras el jugador que iba a poner revisaba el putt, su compañero comenzó a dar consejos sobre cómo jugarlo. Ese tipo de trabajo en equipo es común y a menudo, útil, y se llevó a cabo durante todo el partido, "Lo tengo", dejando los siguientes momentos tensos y de vergüenza, con un incómodo silencio.

Cuando comunicamos verbalmente o por nuestras acciones, "Lo tengo," estamos reclamando una autosuficiencia que puede no estar justificada en una circunstancia particular. Podemos estar tan seguros, entrenados o expertos en una tarea en particular que la información de otra persona no tiene ningún sentido para nosotros y nos distrae incluso nos saca de nuestros juegos. Sin embargo, si soy honesto, esta actitud se refleja en mí, la mayoría de las veces es una arrogancia que proclama, que no quiero, ni necesito la ayuda de otra persona, incluso cuando un pensamiento sobrio reconocería que tal ayuda podría ser verdaderamente beneficiosa.

En un sentido espiritual, con respecto al Dios que posee los atributos descritos en la Biblia, vale la pena considerar si alguna vez podemos ser verdaderamente autosuficientes, o si el reconocimiento de nuestra necesidad de Dios necesariamente implica ser lo que Jesús denominó "pobre en espíritu" (Mateo 5:3) ¿Es inherente el hecho de profesar la dependencia de uno en honrar a Dios como Dios (Romanos 1:21) en otras palabras, si Dios nos hizo, ¿podemos alguna vez legítimamente decirle: "¿Lo tengo?"

Se dice que un abogado le preguntó a Jesús cuál es el mandato más importante en la ley de Dios, y Jesús respondió: "Ama al Señor tu Dios con todo tu corazón y con toda tu alma y con toda tu mente. Esta es el primer y el mayor mandamiento"(Mateo 22: 36-38). En otro informe sobre este o en otro encuentro similar, agrega el término "fuerza" (Marcos 12: 28-30), que abarca esencialmente con su respuesta el Shema, que era familiar para la audiencia judía.

Todos estos; corazón, alma, mente y fuerza, describen aspectos esenciales e inherentes de lo que significa estar vivo y ser humano, y no hay humanidad sin ellos. No están enumerados por separado para sugerir que hay diferentes compartimentos de nuestra condición humana en que podemos abrir o cerrar como desearíamos, amar a Dios con uno y no con los demás. Con su respuesta, Jesús hace eco de Moisés ante él e ilustra la amplitud de la esperanza humana para recordarnos que una persona que verdaderamente ama a Dios está totalmente involucrada. Debo amar a Dios con todo mi ser y con todo lo que tengo. Además, la enseñanza de Jesús de que este es el "primer y más importante mandamiento" significa que ese amor que todo lo abarca de Dios debe estar por encima y por sobre todo. Debe ser la prioridad fundamental de mi vida.

Eso puede sonar bien, pero ¿qué aspecto tiene? El mandato de amar a Dios de esta manera podría parecer un enfoque de sanidad y santificadora de la vida que no es realista e inalcanzable. Para estar seguro, las personas religiosas en el tiempo de Jesús y a lo largo de los siglos lo presentaron así, a menudo como una herramienta para controlar la vida de otras personas al infligirles una pesada carga o "yugo" de normas de comportamiento detalladas y opresivas. Pero esta no es la imagen de amar a Dios que se da en las Escrituras.

Para explorar eso, es útil considerar referencias bíblicas a estos aspectos de nuestra naturaleza humana, comenzando por el corazón que, en la cultura hebrea el abogado inquisitivo le gustaría entender el centro del corazón de cada ser humano de dónde vienen nuestras convicciones, creencias y voluntad más profundas. Nuestros corazones están donde se hacen nuestros compromisos, y las escrituras enfatizan ser sinceros en nuestro amor por Dios. Son aquellos que buscan a Dios con todo su corazón quienes lo encuentran (Jeremías 29:13). Aquellos que lo siguen de todo corazón experimentan su bendición (Josué 14: 9). De hecho, hay muchos ejemplos que se dan en la Biblia de maneras en que la expresión de amor de Dios es incondicional, incluyendo el servicio (1 Samuel 12:20), reteniéndola (Josué 22: 5), recurriendo a Él (Deuteronomio 30:10), volviendo a Él (1 Samuel 7:3), obediencia (Salmo 119:34), ofrenda financiera (1Crónicas 29:9), confiando en Él (Proverbios 3:5), alabar (Salmo 86:12), dando gracias (Salmo 9:1), buscándole (Salmo 119: 145). De todas estas maneras, está claro que amar a Dios no es una aventura a medias.

También proporcionan aplicaciones específicas de lo que las Escrituras denominan "devoción" sincera a Dios, como cuando el rey David oró por su hijo Salomón: "Dale a mi hijo Salomón la devoción sincera para que guarde tus órdenes" (1 Crónicas 29:19) y cuando el rey Ezequías, mientras se encontraba en medio de la enfermedad, le pidió a Dios que extendiera su vida, "Recuerda, Señor, cómo he caminado ante ti fielmente y con devoción sincera y he hecho lo que es bueno a tus ojos" (2 Reyes 20:3)

Vemos en ambas oraciones una conexión entre la obediencia y amar a Dios con todo el corazón. La escritura, sin embargo, muestra repetidamente al rey David como ejemplo de alguien que fue obediente a Dios, como cuando el joven rey Josías "hizo lo correcto ante los ojos del Señor y siguió completamente los caminos de su antepasado David" (2 Reyes 22:2), o cuando el rey Ezequías "hizo lo correcto ante los ojos del Señor, tal como lo había hecho su ancestro David" (2 Crónicas 29:2). Cuando el rey Salomón perdió su sincera devoción a Dios y su Reino, Israel amenazaba con dividirse, en su revelación el profeta Ahías transmitió esta palabra del Señor al rival de Salomón,

> Sin embargo, no le quitaré todo el reino a Salomón sino que lo dejaré gobernar todos los días de su vida, por consideración a David mi siervo, a quien escogí y quien cumplió mis mandamientos y decretos. (1 Reyes 11:34)

Esto es sorprendente porque además de las muchas buenas cualidades de David, él robó notoriamente a la esposa de otro hombre y lo mató, un guerrero leal y valiente en su ejército, en un intento de salirse con la suya. Sostener a David cómo un ejemplo de obediencia a Dios probablemente revela mucho, incluyendo ideas importantes sobre el carácter perdonador de Dios. Sin embargo, para nuestros propósitos aquí, sin duda, nos recuerda que amar a Dios con todo el corazón no implica un estándar de perfección poco realista. Mas bien, es una forma de vida que puede perseguirse a pesar de nuestras fallas e incluso en el contexto de nuestras decisiones equivocadas.

Si bien el corazón puede representar el centro de nuestro ser, sabemos que hay mucho más que comprende de nuestra naturaleza humana. Por ejemplo, ¿qué pasa con el asiento de nuestras emociones, el alma, la forma en que cada uno de nosotros puede experimentar una profunda angustia, un anhelo profundo, una gratitud abrumadora o incluso una alegría trascendente? La mayoría de nosotros reconocemos el alma como el aspecto de nuestro ser que se siente conmovido o responde, a menudo a través del toque de una música, la belleza, el arte y la poesía. No es un concepto únicamente espiritual, sino uno compartido y reconocido en toda la humanidad, incluso entre aquellos que no tienen un interés en Dios actualmente. Podría verse bastante natural, ¿no es así, que estar en relación con el Dios que nos hizo involucraría la devoción de nuestros corazones y almas? De hecho, David alentó a los líderes de Israel: "Ahora, dedica tu corazón y alma a buscar al Señor tu Dios" (1 Crónicas 22:19).

Una vez escuché al Dr. Philip Ryken, presidente de Wheaton College (Illinois), observo que; "El trabajo redentor de Dios nunca es solo un drama; es un musical" (Ryken 2014). Cuando piensas en ello, hay varios relatos de las Escrituras desde el principio hasta el fin que ilustran que esto es así, incluida la canción de Moisés después de que los israelitas fueron liberados a través del Mar Rojo (Éxodo 15: 1); El canto de María después del anuncio de Gabriel de que daría a luz al Salvador del mundo (Lucas 1:46); y la "canción de Revelación" que los redimidos cantarán en la eternidad (Apocalipsis 5:13). También se reconoce en las exhortaciones a los primeros seguidores de Cristo que "canten y hagan música de su corazón al Señor" (Efesios 5:19) y "canten a Dios con gratitud en sus corazones" (Colosenses 3:16). El poeta W. H. Auden capturó la esencia de tales respuestas del alma cuando escribió:

> No sé nada, excepto lo que todos saben, si
> allí, cuando Grace baila, yo debería bailar.
> (Auden 1991, 743)

Mientras que las escrituras, incluyendo los Salmos, están llenas de cantos y bailes (así como la poesía y el sonar de varios instrumentos musicales) en expresión de asombro, admiración, regocijo y alabanza, no podemos ignorar que también incluyen una efusión emocional humana del alma, así como ira, lamento y dudas llenas de preguntas. Estas también, son fieles a nuestras experiencias en un mundo caído, y sería difícil imaginar cualquier búsqueda o relación genuina con Dios sin tales gritos desde la profundidad del alma.

Considera también los relatos bíblicos de la hermana de Marta; María, ungiendo los Pies de Jesús con un perfume costoso y limpiándolos con su cabello y sus lágrimas (Juan 12: 1-3), o la descripción de David de esta alma como "sedienta" de Dios (Salmo 63:1), o Jesús refiriéndose a aquellos que "tienen hambre y sed de justicia" como bendecidos y felices debido a la satisfacción que vendrá (Mateo 5: 6). Estos son ejemplos de personas que aman a Dios con todas sus almas, quienes, al menos en esos momentos, reflejan un anhelo por Dios y la vida que sigue su camino. La verdad ineludible que retumba a lo largo de las páginas de la Biblia, y experimentada en las vidas de innumerables testigos que nos han precedido y nos han rodeado hoy, es que amar a Dios también implica un compromiso emocional que brota de la profundidad de nuestro ser.

El compromiso de nuestras mentes también es esencial y, sin duda, está vinculado a una devoción incondicional a Dios. Como le dijo David a su hijo Salomón:

> Y tú. Salomón, hijo mío, reconoce al Dios de tu padre, y sírvele con devoción de buen corazón y con una mente dispuesta, porque el Señor busca en cada corazón y entiende cada deseo y cada pensamiento. (1 Crónicas 28: 9)

El antiguo salmista reconoció que somos personas bendecidas y sólidamente establecidas, cuando contemplamos o meditamos en Dios y sus estándares de vida (es decir, la ley del Señor), que en realidad nos traen deleite (Salmo 1: 2-3) y paz. (Isaías 26: 3), en el Nuevo Testamento, el apóstol Pablo nos instó a deshacernos de los pensamientos que están en contra de Dios y, en cambio, a capturar todo pensamiento de obediencia a Jesús (2 Corintios 10: 5). También nos recordó que, lo que pensamos es extremadamente importante, y se nos anima a dedicar nuestras mentes a lo que es correcto, noble, puro, excelente y verdadero (Filipenses 4:8).

A veces los cristianos son representados categóricamente como débiles, pero tal crítica es destructiva por la simple reflexión sobre los muchos seguidores de Cristo a través de las edades que son ampliamente reconocidos por su brillantez intelectual y creatividad. Por ejemplo, el apóstol Pablo tenía un certificado académico excelente como alumno del célebre Rabí Gamaliel (Hechos 22: 3), y era hábil y eficaz. Con su poderosa mente, atrajo la atención de personas inteligentes (Hechos 13:7), y audazmente se enfrentó a escépticos y críticos por igual en varios entornos religiosos y seculares, persuadiendo a muchos (Hechos 14:1, 17:12). En ese contexto, Pablo demostró que tenía conocimiento a los escritores y poetas de su época (Hechos 17:28), y sus afirmaciones pasaron las pruebas y el examen crítico (Hechos 17:11).

Por supuesto, hay muchos otros ejemplos de personas brillantes y creativas que abarcan los milenios, desde Augustine de Hippo a Thomas Aquinas, Nicholas Copernicus a Isaac Newton, Michelangelo a J.S. Bach, Blaise Pascal a James Clerk Maxwell, Soren Kierkegaard a Reinhold Niebuhr, C.S. Lewis a Os Guinnes, Dorothy Sayer a Marilynne Robinson, Flannery O'Connor a Madeleine L'Engle, Alvin Plantinga a Alister McGrath, Dallas Willard a William Lane Craig, Francis Collins a Ian Hutchison, y Peter Kreeft a N.T. Wright, por nombrar algunos. El objetivo de este pequeño listado es solo para ilustrar que hay muchos que han ido antes o están con nosotros hoy que han vivido su Fe específicamente cristiana con sus mentes totalmente comprometidas. Desestimar categóricamente a los cristianos por ser irreflexivos o irracionales, ignora el registro histórico. Hay muchos que toman en serio la enseñanza de Jesús de que sus seguidores deben aplicar todos sus poderes racionales y creativos en sus relaciones con Dios, como lo han modelado algunos de los más grandes pensadores y personalidades creativas de la historia humana.

Debe reconocerse que amar a Dios con toda la mente no equivale a la comprensión. Cualquier persona que busque aprender o conocer a un Dios cuyos atributos esenciales son infinitos y eternos alcanzará rápidamente los límites de su comprensión. Los caminos y pensamientos de Dios están por encima de los nuestros (Isaías 55:8-9), pero eso no debería ser un impedimento para aceptar y amar a Dios con todo nuestro ser, incluyendo nuestras mentes. Usted y yo consideramos y aceptamos cuidadosamente muchas cosas que no entendemos, incluyendo en mi caso la física del vuelo y el beneficio de un medicamento recetado. Sin embargo, arriesgo mi propia vida abrazándolos regularmente. Uno podría objetar que otros entiendan estas cosas incluso cuando yo no, pero podríamos pasar fácilmente a otros ejemplos, como el amor fiel de un amigo, o la calidad evocadora de la música, el arte o la poesía, para ver que todos experimentamos, amar, aceptar y actúar sobre cosas que no entendemos completamente.

Aplicar nuestra fuerza para amar a Dios va mucho mas allá de nuestros cuerpos físicos y habilidades, y también incluye todos los demás recursos temporales que tenemos. Esto se ilustra en las diversas historias de Jesús sobre la importancia de cómo las personas usan su dinero, talento, tiempo y oportunidades. Aprendemos que todo en última instancia pertenece a Dios; No somos más que administradores de los recursos que tenemos y somos responsables ante Él de como los utilizamos. Por lo tanto, debemos expresar nuestro amor por Dios usando cualquier recurso que tengamos de manera consistente con sus propósitos.

La iglesia a veces ha aparecido demasiado enfocada en la pureza sexual como la suma total de las enseñanzas bíblicas con respecto a nuestros cuerpos. De hecho, a pesar de la alta estima otorgada a David, Abraham y los Patriarcas, muchos de los cuales tenían múltiples parejas sexuales, las escrituras engloban la pureza sexual y la fidelidad marital (Salmo 119:9; Hebreos 13:4). Jesús mismo, mientras extendía la gracia a la mujer sorprendida en adulterio, la alentó a "ir y no pecar más" (Juan 8:11). Sin embargo, tenía más que decir sobre el uso de la fuerza física y los recursos para bendecir a los demás que lo que nunca había hecho acerca de nuestra sexualidad (Marcos 9:41; Mateo 5:16, 6:1-4). El énfasis de Jesús siempre pareció estar en hacer lo que podamos y usar lo que sea que tengamos, sin importar lo mucho o poco, para mostrar el amor genuino de Dios a través del servicio tangible a los demás.

Al responder a las preguntas de los fariseos de que amar a Dios por encima de todo y con todo lo que somos y tenemos, es el mandamiento más grande, Jesús no proclamó una norma poco realista que nos aplastará rápidamente bajo el peso del yugo. En cambio, él nos estaba enseñando esencialmente que, incluso como personas y con defectos e imperfecciones y con todos nuestros fracasos y debilidades, no hay una parte de nuestras experiencias humanas en las que podamos despreocuparnos de honrar a Dios, o decir de manera efectiva, "Lo tengo, No te necesito". No hay ningún ámbito de mi vida que esté fuera de los límites de Dios. Mi compromiso de vivir el camino de Dios no puede limitarse a mi vida de iglesia o familiar. Debo disipar la idea de que hay partes seculares de mi vida en las que Dios no tiene voz. En mi vida laboral, vida social, citas, vida sexual, matrimonio, paternidad y finanzas, mi búsqueda de Dios siempre importa. Si bien no alcanza la perfección, un seguidor de Cristo considerará a Dios en todo lo que él o ella haga. Eso es de primera importancia y la clave para vivir el camino de Jesús.

Principio 1: Amar a Dios por sobre todo—considéralo en todo lo que haces.

CAPÍTULO 3

Amando a Otros

No te rodees de ti mismo, contigo mismo

–Yes

Me enteré por primera vez de la historia de Los Miserables cuando era adolescente, mientras veía la película en 1978 hecha en la TV de Gran Bretaña una versión de la obra maestra de Victor Hugo en el siglo XIX. Incluso ahí, la vida me conmovió profundamente, cambiando el gesto del amable obispo Myriel a Jean Valjean. Como recordarán, después de que Myriel tomó el escape; condena a Valjean cuando nadie más lo haría, Valjean "recompensó" su amabilidad al robar la plata del obispo y pagarle. Cuando fue arrestado más tarde, Valjean fue devuelto al obispo por la policía, que era comprensible que sospechaba de la mochila de Valjean. El Obispo, sin embargo, sorprendió a todos al decirle a la policía que la plata era un regalo para Valjean y luego le entregó dos candelabros de plata, diciendo que se había olvidado de llevarlos cuando se iba. Después de que la policía se marchó, el obispo Myriel alentó en privado a Valjean a usar la plata para convertirse en un hombre honesto, y Valjean se fue, decidido a ser el hombre que el obispo creía que podía ser. Él y su vida cambiaron para siempre con este acto radical y amoroso.

En esta canción "El poder del amor", T-Bone Burnett escribió que "El poder del amor puede hacer llorar a un gángster, puede hacer que un perdedor lo intente". Eso fue ciertamente cierto para Jean Valjean, y probablemente para muchos de nosotros también. El asombroso poder del amor ha sido reconocido a través de los siglos. El antiguo dramaturgo griego Sófocles observó hace casi dos mil quinientos años: "Una palabra nos libera de todo el peso y del dolor de la vida, esa palabra es amor." Y si hemos vivido con los ojos abiertos, hemos visto que el amor es completamente diferente a cualquier otra cosa en la experiencia humana porque, como el Dr. Martin Luther King Jr. predicó poderosamente: "El amor es la única fuerza capaz de convertir a un enemigo en un amigo "(King 1957). Tal es el poder del amor.

Después de decirle al fariseo inquisidor que el principal principio de la vida es amar a Dios con todo lo que tenemos y somos y por sobre todo, Jesús agregó un segundo principio que no puede separarse del primero: "Y el segundo es así: 'Ama a tu prójimo como a ti mismo "(Mateo 22:39).

Jesús explicó que toda la ley y los profetas dependen de estos dos mandamientos (Mateo 22:40). Sus primeros seguidores entendieron la aplicación de sus palabras a sus vidas:

> Si alguien afirma: "Yo amo a Dios", pero
> odia a su hermano, es un mentiroso; pues
> el que no ama a su hermano, a quien ha
> visto, no puede amar a Dios, a quien no ha
> visto. (1 Juan 4:20)

La vida y el ministerio de Jesús demostraron este punto fundamental: amar a Dios incluye amar a otras personas. De hecho, enseñó que la marca identificadora de estos verdaderos seguidores es su amor por los demás (Juan 13:35). El hecho de no amar a los demás, incluso a los más marginados, y los privados de los derechos civiles y a los necesitados entre nosotros, de manera tangible cuando se presenta la oportunidad, es un indicio de que nuestra fe no es genuina y realmente no amamos a Dios, no importa lo que digan nuestras palabras (Mateo 25:44). El vínculo necesario entre la fe auténtica y el amor por los demás es tan fundamental que llevó al apóstol Pablo a observar: "Lo único que cuenta es la fe que se expresa a través del amor" (Gálatas 5: 6). Sin amor, hablar de nuestra fe es solo un ruido sin valor (1 Corintios 13: 1).

Tú y yo nos referimos al amor de manera imprecisa, hablando de nuestro amor eterno por nuestros compañeros, el amor de Dios y amando la playa, el golf, los cachorros y las galletas de chocolate en la misma conversación. Pero la palabra griega ágape usada en varias formas en el Nuevo Testamento donde encontramos las enseñanzas de Jesús no se presta a tales significados múltiples. Es un concepto diferente en griego que philia, que describe la amistad o el amor fraternal; storge, describiendo el afecto natural; o eros, que describe el deseo intenso o sexual. En contextos apropiados, tales experiencias relacionales son buenas y muy valoradas. Sin embargo, no captan el significado de la enseñanza de Cristo sobre el amor a los demás, que es fundamental para vivir en su camino.

Jesús nos dio a nuestro prójimo, no a una agrupación de personas sin rostro ni nombre, como su primordial ejemplo a aquellos a quienes debemos amar.

¿Pero quién es, entonces mi ¿prójimo? Jesús nos dijo, por supuesto, comenzando con su parábola del buen samaritano que mostró misericordia y atendió las necesidades del hombre golpeado y robado que habían dejado en su camino (Lucas 10: 25-37). El amor del samaritano no fue abstracto, e indudablemente el resultado fue que se manchará con sangre y se ensuciará, sin mencionar que le costó tiempo y dinero. Vemos inmediatamente en la ilustración de Jesús que no nos podemos contentar amando a la distancia, sino que debemos comprometernos hacia los demás y los que están a nuestro alrededor, con todos los inconvenientes y sacrificios que puede implicar.

Sería fácil generalizar nuestro amor por los demás, incluso o al menos, hacia los pobres desesperados en Haití o las personas sin hogar en nuestras comunidades, como una racionalización para mantener un lugar cómodo al margen. Sin embargo, las palabras y el ejemplo de Jesús no lo permitirán. Mi amor debe ser mostrado a la persona aquí y ahora, como el hombre golpeado y dejado en el camino que viajaba el samaritano. Esto no implica sugerir que los seguidores de Cristo no deben amar ni servir a quienes no tienen un lugar donde vivir, ni a los necesitados en Haití, ni a personas desconocidas del otro lado del mundo, pero no podemos hacerlo como un medio para evitar un compromiso real con las personas que están en nuestros caminos o justo al lado.

Al final de su historia, Jesús dirigió la pregunta a sus oyentes y preguntó ¿cuál de los tres personajes que encontraron al hombre en necesidad demostró ser su prójimo? La pregunta se hizo porque el hombre golpeado era judío, como la audiencia de Jesús y el sacerdote y el levita que se negaron a ayudar, y no lo hicieron y no podrían vivir al lado de un despreciable samaritano. La respuesta fue obvia, pero el fariseo que respondió ni siquiera se atrevió a pronunciar la palabra "samaritano" de manera positiva, sino que respondió: "El que tuvo misericordia de él" (Lucas 10:37). Nos perderíamos un punto central en la yuxtaposición deliberada de Jesús entre el samaritano que ayudó y el hombre Judío, si no reconociéramos que su división racial y religiosa era profunda, antigua e intensa, dejando un poco de posibilidades, si cualquiera de los dos pudiera sentir afecto por el otro. De este modo, aprendemos que este amor al que se llama a los seguidores de Jesús no implica necesariamente un sentimiento emocional, sino más bien una elección para buscar el bien de la persona amada. En su esencia, tal amor significa que debemos actuar en el interés del otro, independientemente de nuestros sentimientos. De este modo, Jesús distinguió nuestra concepción común del amor como emoción o sentimiento al ilustrar qué ágape es volitivo, no emocional. Es fundamentalmente una elección de nuestra voluntad. Si vamos a ser seguidores de Cristo, entonces, debemos amar a los demás, nos guste o no.

Jesús explicó además su llamado al amor proclamando que se aplica incluso si la otra persona no te ama de vuelta:

> ¿Qué mérito tienen ustedes al amar a quien
> los aman? aun los pecadores lo hacen así.
> ¿Y qué mérito tienen ustedes al hacer bien
> a quienes les hacen bien? Aun los
> pecadores actúan así. (Lucas 6: 32-33)

De hecho, Jesús enseñó que debemos ir más allá de aquellos que buscan nuestro bien, o que nos son indiferentes, y también amar a nuestros enemigos, quienes, por definición, son los que buscarían hacernos daño:

> Ustedes, por el contrario, amen a sus enemigos, háganles bien y denles prestado si esperar nada a cambio. Así tendrán una gran recompensa y serán hijos del Altísimo, porque él es bondadoso con los ingratos y malvados. Sean compasivos, así como su Padre es compasivo. (Lucas 6: 35-36)

¿Qué vamos a hacer con un amor que debe mostrarse a aquellos que se niegan o no nos aman, e incluso a aquellos que desean o buscan nuestro daño? Agape no solo es volitivo (en lugar de emocional), sino que también es incondicional. Por lo tanto, se deduce que el alcance del mandamiento de Jesús de amar no se limita a la familia de personas afines y de la misma mentalidad, sino a todas las personas. No hay nadie que esté más allá de nuestro mandamiento de amar. Debemos buscar el bien de todos los demás, nos quieran o no, e incluso si desean hacernos daño.

Es obvio que tal amor por los demás puede ser costoso. En lugar de pasar por alto ese hecho, Jesús lo enfatiza, enseñándonos que el gran amor implica un gran sacrificio:

> Y este es mi mandamiento: que se amen los unos a los otro, como yo los he amado. Nadie tiene amor más grande que él dar la vida por sus amigos. Ustedes son mis amigos si hacen lo que yo les mando. (Juan 15: 12-14)

De hecho, Jesús con su propio ejemplo nos enfatiza con su enseñanza sobre el amor: "Así es cómo sabemos lo que es el amor: Jesucristo dio su vida por nosotros. Y debemos dar nuestras vidas por nuestros hermanos y hermanas" (1 Juan 3:16). Ya sea que "dejamos nuestras vidas" por amor a los demás resulte ser literal o figurativo en las propias experiencias, está claro que además de ser volitivo e incondicional, ágape también es sacrificial.

Jesús no da las razones en su historia del buen samaritano de por qué las personas religiosas pasaron sin ayudar al hombre enfermo, pero nos invita a llenar esos espacios en blanco de nuestras propias experiencias: "No tengo tiempo", "Me ensuciare", "Llegaré tarde a mi reunión ", "No puedo ayudar," etc. Cualquiera sea la razón que pudiera dar por no haberme detenido para ayudar al hombre, está claro que mi enfoque está en mí y no en el hombre que necesita la ayuda. Por el contrario, el enfoque del Samaritano es indudablemente en el hombre herido y sus necesidades, y no solo en términos inmediatos sino en términos futuros también.

Como maestro, Jesús explica su llamado categórico a amar a los demás y así anticiparse a nuestras objeciones naturales: ¿y si no tengo ganas de hacerlo? ¿Qué pasa si la persona no me quiere de vuelta? ¿Cuáles serán mis costos? Su orden es clara, debemos amar de todos modos. Pero podríamos pensar ¿cómo puedo amar a alguien de esa manera? Lo hacemos considerando los intereses y necesidades de los demás como lo haríamos a nosotros mismos. En sus palabras Jesús dijo: Así que en todo traten ustedes a los demás tal y cómo quieren que ellos los traten a ustedes. De hecho, esto es la Ley y los Profetas" (Mateo 7:12). La enseñanza y el ejemplo de Jesús también demuestra la

Regla de Oro de amar, a otros, es caracterizada en el servicio hacia ellos (Marcos 9:35).

Incluso cuando estamos llamados a amar a alguien que realmente no nos gusta, podemos actuar como tal. Si debemos buscar el bien de otro, nos guste o no, y nos amen o no, ¿qué otra conclusión podría haber? Pero, como un amigo se quejó una vez, ¿no es eso hipócrita? por el contrario, elegir buscar el bien de otro incluso cuando no tengo ganas o cuando no nos hacen lo mismo es un verdadero acto desinteresado y aplica la perspectiva que Jesús llama a sus seguidores a tener. La hipocresía es decir o hacer una cosa al intentar otra. Es hipócrita para mi pretender que estoy buscando tu bien cuando realmente estoy tratando de obtener algo de ti. Pero cuando mi motivo es buscar tu bien, es a pesar de mis propios sentimientos, y si a cambio puedes o podrías hacer algo por mí, entonces estoy capturando la esencia del mandato de Cristo de amar a mi prójimo como a mí mismo.

Alguien que siente poco amor por sí mismo puede ser impresionado por Jesús y su referencia sobre sí mismo y objetar que sería un error amar a los demás de acuerdo con esa norma. Pero tal autoevaluación se basa nuevamente en el concepto de amor como un sentimiento, y si en cambio vemos el amor como enseñó Jesús, buscando esencialmente el bien de los demás independientemente de nuestros sentimientos o si nos aman, entonces veremos que Jesús no estaba dando una calificación que presumía que sus seguidores tenían una buena autoestima. Más bien, él estaba reconociendo la verdad que todos nosotros naturalmente, buscamos por nuestros propios intereses. Es decir, buscar nuestro propio bien es nuestra inclinación inherente a nuestras posiciones predeterminadas, por así decirlo. Ahora, podemos estar engañados con respecto a lo que es bueno para nosotros, a diferencia de un adicto que está convencido de que él o ella debe tener algo mas de heroína. Aún así, sin embargo, estamos actuando sobre nuestra tendencia a perseguir lo que nos hemos convencido a nosotros mismos que es bueno para nosotros.

Sería difícil para cualquiera de nosotros observar honestamente la vida, la nuestra o la vida que nos rodea, sin ver que las decisiones que toman las personas están motivadas típicamente por interés propio. Aunque esta realidad sobre la naturaleza humana alimenta nuestros sistemas económicos y políticos en los Estados Unidos, los anuncios de la Avenida de Madison la juegan con destreza y, ciertamente, puede canalizarse de manera positiva y productiva, y crea problemas cuando se persigue el interés propio por encima de todo e independientemente de las consecuencias a otros. Intenta este experimento en algún momento. Renueva la fuente de las típicas noticias durante una semana, ya sea Internet, TV, radio, redes sociales o periódicos. Mientras considera los informes de calamidad, disfunción e inhumanidad del hombre hacia su prójimo, pregúntese si una o más de las personas en la historia elevan sus intereses por encima de los demás. En un nivel fundamental, verás que siempre es así. La evidencia experimental es simplemente abrumadora que los humanos tienen una inclinación natural hacia el egocentrismo.

Tal evidencia no ha escapado a la atención de los poetas de nuestra época. En su canción "Licencia para matar," Bob Dylan escribió sobre la humanidad,

> En un altar construido sobre aguas
> estancadas y cuando ve su reflejo se siente

satisfecho. El ser humano es contrario al juego limpio, él quiere todo y lo quiere a su modo.

Esto puede parecer una acusación severa para todos nosotros, pero las escrituras confirman que el deseo de tener nuestro propio camino, la ambición egoísta, es tanto la causa de nuestra consecuencia pecaminosa, y duradera y de toda práctica malvada (Génesis 3:2-7; Santiago 3:16). Como el profeta Isaías escribió: "Todos andábamos perdidos, como ovejas; cada uno seguía su propios camino" (Isaias 53:6).

Según Jesús, no fuimos creados para aumentar nuestros intereses por encima de los intereses de nuestro prójimo. De hecho, Jesús vino y murió, según las escrituras, para que no tengamos que vivir una vida egocéntrica: "Y él murió por todos, para que los que viven ya no vivan por sí mismos, sino por el que murió por ellos y resucitó" (2 Corintios 5:15). El apóstol Pablo reconoció que una forma práctica de protegerse contra nuestro egocentrismo natural es tener la misma mentalidad que Jesús: "Con humildad, consideren a los demás como superiores a ustedes mismos por encima de ustedes mismos, no mirando a sus propios intereses. Cada uno debe velar no sólo por sus propios intereses sino también por los intereses de los demás" (Filipenses 2:3-5). En lugar de solo enfocarnos en nuestras propias necesidades y deseos, Jesús nos llamó a mostrar un respeto similar por los intereses de los demás.

Al explicar que fuimos hechos para amar a Dios con todo nuestro ser y por sobre todo, amar a los demás como a nosotros mismos, Jesús nos dio la verdad que nos libera de nuestra condición egocéntrica:

> Jesús dijo: Si se mantienen fieles a mis enseñanzas, serán realmente mis discípulos; y conocerán la verdad, y la verdad los hará libres... Así que si el Hijo los libera serán ustedes verdaderamente libres. (Juan 8:31-36)

Y esa liberación, la comprendieron sus primeros seguidores, nos libera para servirnos humildemente en amor (Gálatas 5:13). En lugar de abrazar el interés propio como nuestro valor principal, Jesús compartió que debemos considerar el interés de otras personas tan cuidadosamente cómo lo hacemos nosotros mismos. Esto es cierto incluso cuando no tenemos ganas de hacerlo, cuando es costoso y cuando no recibimos nada a cambio.

Principio 2: Ama a los demás—busca su bien te guste o no te guste a ti o a ellos, hazlo incluso si te cuesta.

CAPÍTULO 4

Perdonando a Otros

Será mejor que lo pongas todo detrás de ti; Porque la vida sigue. Si sigues cargando esa ira, te comerán por dentro, baby.

–Don Henley

Una tragedia horrible ocurrió en Nickel Mines, Pennsylvania, el 2 de octubre de 2006, cuando un hombre armado y perturbado asalto una escuela llena de niños Amish. Después de expulsar a todos los muchachos y maestros, ató a las diez niñas restantes y les disparó sistemáticamente después se apuntó con el arma, asimismo. Cuando terminó su asedio, cinco chicas jóvenes yacían muertas, y otras cinco resultaron heridas de gravedad. El crimen fue impactante en su crueldad y audacia, y se destaca incluso a pesar de que los disparos escolares en Estados Unidos continúan a un ritmo desagradable. Lo más memorable para mí, sin embargo, es la imagen de los amigos Amish y la familia de los niños que recibieron disparos, llegando a las cuantas horas a la familia del tirador, extendiendo su perdón por sus actos indescriptibles y observando el bienestar de su familia. Tal gracia es tan irreprimible como inesperada, y sangra a través de la oscuridad de ese día, continuando incluso ahora en las vidas cambiadas y en el testimonio de la viuda y la madre del tirador, entre otras.

Hubo un momento en que la pregunta "What Would Jesus Do?" (¿Qué haría Jesús?) estaba en todas partes, con personas que a menudo se hacen preguntan a sí mismas (o a otras personas) usando brazaletes de plástico con las iniciales WWJD (en inglés). La pregunta puede ser provocativa y la respuesta matizada o poco clara a veces, pero no cuando se trata de sufrir mal en las manos de otro. Jesús perdonaría. Sería imposible entender racionalmente sus enseñanzas y ejemplos de otra manera. Con su último aliento, Jesús incluso extendió el perdón a sus verdugos (Lucas 23:34). Enseñar a sus seguidores a perdonar a otros, y lo que eso significa, fue el fundamento para el ministerio de Jesús.

Si bien la naturaleza categórica de las instrucciones de Jesús sobre el perdón es lo suficientemente sorprendente, él realmente nos llama la atención con la atadura a nuestro propio perdón por parte de Dios:

> Porque sí perdonan a otros sus ofensas, también los perdonará a ustedes su Padre celestial. Pero si no perdonan a otros sus ofensas, tampoco su Padre les perdonará a ustedes la suyas. (Mateo 6:14-15)

Esta explicación sigue la oración del Señor en la que oramos para que Dios "perdone nuestras ofensas, como perdonamos a los que nos ofenden", por lo que hay pocas posibilidades de que mal interpretemos esas palabras que nos son familiares. En la famosa historia del siervo ingrato a quien su acreedor le mostró perdón de una gran deuda, se negó a extender el perdón de una deuda comparativamente pequeña a su propio deudor

(Mateo 18:23-35), Jesús subraya la conexión entre el perdón de Dios y el nuestro. Si bien esa conexión puede ser algo misteriosa en un sentido teológico, no se puede negar que Jesús fue muy, muy serio acerca de su mandato en que nosotros perdonemos.

Jesús explicó que el perdón significa que no debemos rastrear ni llevar la cuenta de los delitos cometidos contra nosotros:

> Pedro se acercó a Jesús y le preguntó: Señor, ¿cuántas veces tengo que perdonar a mi hermano que peca contra mí? ¿Hasta siete veces? No te digo que hasta siete veces, sino hasta setenta y siete veces, le contesto Jesús. (Mateo 18:21-22)

No podemos detenernos u obsesionarnos con el mal que nos infligió otro, sin importar cuán notorios o frecuentes sean.

No debemos tampoco buscar venganza o tratar de devolver al agresor:

> Ustedes han oído que se dijo: "Ojo por ojo y diente por diente". Pero yo les digo: No resistan al que les haga mal. Si alguien te da una bofetada en la mejilla derecha, vuélvele también la otra. Si alguien te pone pleito para quitarte la capa. déjale también la camisa. (Mateo 5:38-40)

El devolver de la misma manera o ajustar las cuentas no tiene lugar en la vida de un seguidor de Cristo. Esta instrucción básica fue entendida por los primeros seguidores de Jesús, a quienes se les dijo "No se venguen" (Romanos 12:19), y se los alentó a "perdonarse unos a otros si alguno de ustedes tiene una queja contra

alguien. Perdone como el Señor les perdonó"
(Colosenses 3:13).

Entonces, no debemos hacer un seguimiento de las
ofensas de otros o tratar de pagarles de la misma forma,
sino que debemos amarlos y orar por ellos, y
perdonarlos como Dios nos ha perdonado, ¿cuál es la
cualidad esencial del perdón que enseña Jesús? Es que
no mantendremos los males de los demás contra ellos.
Jesús confirmó que cuando dijo: "(Y) cuándo estes
orando, si tienes algo en contra de alguien, perdónenlo"
(Marcos 11:25).

Centrarse en esa naturaleza esencial del perdón
también nos ayuda a entender lo que no es. Para
empezar, el perdón no es lo mismo que excusar el
comportamiento de otro. Tal como fue discutido con
elocuencia por C.S. Lewis en su "Redacción sobre el
perdón," cuando discúlpamos las acciones de otros,
estamos diciendo que no pudieron evitarlo o que no lo
hicieron en serio, por lo que realmente no tienen la
culpa. Sin embargo, cuando perdonamos, reconocemos
el error en todo el daño intencionado, lo reconocemos
como inexcusable y, sin embargo, optamos por no
enfrentarlo contra el malhechor, de modo que todo lo
que suceda será tal como era antes (Lewis 1960, 2).
Lewis resume su observación reconociendo el doble
estándar en el que a menudo incurrimos, y contrasta
nuestro llamado como seguidores de Cristo:

> En nuestro propio caso aceptamos excusas
> con demasiada facilidad; en otras personas
> no los aceptamos con suficiente facilidad ...
> Excusar lo que realmente puede producir
> buenas excusas no es la caridad cristiana;
> es solo imparcialidad. Ser cristiano significa
> perdonar lo que no se puede excusar,

porque Dios ha perdonado lo inexcusable
en ti. (ibídem.)

Es posible que hayamos oído, o incluso que nos digamos, "perdonaré, pero nunca olvidaré". Si nunca olvidamos, suena lo mismo que sostener el pecado contra la persona. Si bien aveces eso es lo que realmente queremos decir, puede que no siempre sea así. Algunas ofensas son tan terribles que constantemente vivimos con las consecuencias de ellas. Esperar olvidarlas sería una locura. Sin embargo, se nos insta a perdonar, aunque nos enfrentemos a recuerdos de la cicatriz de la ofensa todos los días de nuestras vidas. La esencia del perdón es no mantener la ofensa recordando a la persona que nos hizo el mal. De hecho, cómo observó Paul Tillich, a menudo debemos recordar para perdonar.

> Perdonar presupone recordar. Y crea un olvido no de la manera natural en que olvidamos el deseo de ayer, sino en el camino del gran "a pesar de" que dice: "Olvido aunque lo recuerdo ... hablo de la voluntad duradera de aceptar al que nos ha perjudicado". (Tillich 1963, 23)

También se deduce, entonces, que perdonar incluso una sola ofensa de otra persona puede tomar mucho tiempo. Cada vez que recordamos cómo la persona nos ofendió, tan a menudo como nos viene a la mente, "se nos presenta la opción de perdonar o no." Eso encaja tanto en la amonestación de Jesús a Pedro como no llevar la cuenta. Cuando se ve de esta manera, nuestro recuerdo del error de una persona no se convierte en un obstáculo para el perdón, sino en otra oportunidad para extenderlo.

Si dejamos de lado por un momento la claridad de las instrucciones de Jesús de que perdonamos a los demás, podríamos preguntarnos por qué deberíamos hacerlo, especialmente en el caso de alguien que nos ha ofendido de manera grave, y no de manera insignificante. En efecto, "¿Por qué perdonar?" es la pregunta que aparece en la portada de la revista Time de 1984 que representa al Papa Juan Pablo II extendiendo el perdón a Mehmet Ali Agca, quien le disparó cuatro veces en un intentó fallid ode asesinato (Morrow 1984). Inicialmente, no podemos pasar por alto el hecho de que perdonar a otro es algo amoroso que hacer. Es tratar al que nos hizo mal de la forma en que queremos que nos traten, lo que en su raíz es la aplicación práctica de nuestro mandato de amar a los demás, incluso a nuestros enemigos (Mateo 5:44). Francamente, sería difícil concebir una forma más pura de amor en acción que elegir no mantener el mal de la persona contra él o ella.

Pero perdonar a los demás es también por nuestro propio bien. Si no perdonó, necesariamente albergaré un resentimiento que eventualmente me robará mi propia alegría y me dejará amargado. Por lo tanto, mi vida se ve disminuida por mi negativa a perdonar a otro. Muchos de nosotros no necesitamos mirar más allá de nuestras propias experiencias de vida para darnos cuenta de que eso es verdad. Otros, como Edith Shoals, cuya hija de dieciocho años, Lordette, fue asesinada a tiros mientras hablaban con su madre por teléfono, se dan cuenta de esta verdad en circunstancias casi inexplicables: "El Duelo no es una palabra lo suficientemente grande para lo sucedido. Pero si no perdonas, te devora desde adentro hacia afuera "(Linn 2015). Por mas difícil que sea aplicar, y seguir las instrucciones de Jesús de perdonar, nos ahorra la amargura que produce el rechazo.

El perdón también nos impide estar atrapados en un ciclo interminable de pagos y retribuciones. Como el autor Philip Yancey observó,

> La venganza es una pasión para desquitarse. Es un gran deseo de devolver tanto dolor como alguien te da. El problema con la venganza es que nunca obtiene lo que quiere; nunca iguala la puntuación. La justicia nunca llega. La reacción en cadena provocada por cada acto de venganza siempre toma su curso y sin trabas. Une a los heridos y al herido con la escala de dolor. Ambos están siempre atascados en la escalera mecánica hasta que se exija la igualdad, y la escalera mecánica nunca para y no deja ir a nadie"... El Perdón SOLO puede romper el ciclo de culpa y dolor, rompiendo la Cadena de desgracia. (Yancey 1997, 96)

La búsqueda de la venganza nos mantiene esclavizados, pero la verdad del perdón nos libera. No perdonarnos nos encierra en el pasado y también nos excluye de todo potencial de cambio. El perdón es la clave que desbloquea esas cadenas.

Por esa razón práctica, no podemos esperar a qué otro se arrepienta o se disculpe antes de extender el perdón. Si esperamos en perdonar, le habremos dado efectivamente a esa persona la capacidad de robar o calificar nuestra alegría, dejándonos vivir o poseer vidas esencialmente con un asterisco (*). En la reacción más extrema, cuando estemos totalmente comprometidos con la venganza, tendremos el control de nuestra vida para los demás. Esto se debe a que nuestras decisiones indican las acciones de la otra persona, sus movimientos dictan nuestros movimientos.

Ocasionalmente, los cristianos señalan algunas de las palabras de Jesús para sugerir que nuestra independencia de los demás depende de que primero se arrepientan de su mal contra nosotros: "Si tu hermano peca, repréndelo; y, si se arrepiente, perdónalo" (Lucas 17: 3). Pero al interpretar este pasaje parcial, se pasa por alto el propio ejemplo de Jesús en la secuencia de los ejecutores. "Padre, perdónalos", oró, a pesar de qué continuaron realizando su ardua tarea sin ningún arrepentimiento o reconocimiento de la injusticia que estaban causando. ¿Y cómo podría reconciliarse tal interpretación con el vínculo de Jesús entre nuestra voluntad de perdonar a los demás y nuestro propio perdón?, "Perdona, y serás perdonado," Él lo dijo (Lucas 6:37). Con respecto a nuestra propia maldad, ¿realmente arriesgaríamos el perdón de Dios, o incluso de otra persona, debido a nuestra inseguridad de que aquellos que nos han hecho mal demuestran primero el arrepentimiento o se disculpan antes de extender nuestro perdón?

Aún más, prácticamente retener nuestro perdón a menos que la persona que hizo mal primero se arrepienta o se disculpe ignora el hecho de que él o ella nunca podría disculparse o buscar nuestro perdón. Esa posibilidad realista expone por qué es absurdo imponer una condición a nuestra voluntad de perdonar. Por un lado, es posible que la otra persona ni siquiera esté al tanto de lo que está mal, quizás debido a la intensidad o porque la ofensa fue una leve falta de intención que hemos desproporcionado. Por lo tanto, podemos estar molestos mientras la otra persona recorre su vida, sin prestar atención a nuestro dolor y enojo. Incluso si ese no es el caso, y la ofensa fue muy grande e intensiva, nuestra insistencia en una disculpa antes de soltar nuestra ira y perdonar simplemente proporciona otra arma para que el que nos daño continúe infligiéndonos heridas emocionales e interrumpiendo nuestras vidas, esencialmente dándole a el o ella otra víctima.

Los seguidores de Cristo deben tomar la iniciativa cuando se trata del perdón, al igual que las Escrituras enseñan que Dios hizo con nosotros (1 Juan 4:19). Debemos estar dispuestos a dar el primer paso. Sería difícil imaginar una escena en el que pudiéramos ser más parecidos a Cristo que cuando extendemos el perdón a alguien que nos ha dañado a propósito y equivocadamente, y no lo reconoce ni se disculpa por ello. Con una nueva perspectiva, podemos incluso considerar los momentos en que los demás nos hacen daño, como las mejores oportunidades que tendremos en esta vida para ser como Jesús.

Una dificultad con el perdón es que parece injusto. Pero eso es lo que lo hace perdonar. Si el acto es incorrecto, entonces lo justo sería hacer que la persona se disculpe o pague por el mal que ha cometido. Pero el perdón quita esa compulsión mezclada. Si la restitución se hace, puede ayudar a lograr la justicia, pero eso no es un requisito previo para el perdón. Si bien la justicia es importante por derecho propio, el problema con el perdón ya sea que lo considere incorrecto o no, contra él que hizo el mal, permanece incluso si la restitución nunca se hace o se intenta.

Debe recordarse que la instrucción de Jesús de perdonar está dirigida hacia nosotros como individuos. No es una prescripción de cómo el estado debe responder a los crímenes de otro. El propósito del estado incluye el castigo de los malhechores (1 Pedro 2:14), y en ninguna parte Jesús sugiere lo contrario. Lo que el estado hace para cumplir su función, sin embargo, no tiene nada que ver con nuestro mandato individual de perdonar. Aún podemos optar por no reprimir el mal de otra persona, incluso cuando el estado enjuicia a esa persona en toda la extensión de la ley.

El perdón es el camino de Jesús. Es difícil para nosotros y no necesariamente es instantáneo. Por lo tanto, tomará tiempo mientras procesamos y lamentamos el daño causado por otro. Tal vez ese proceso te ayude siguiendo las enseñanzas de Jesús de orar por quienes nos lastimaron (Mateo 5:44), ya que me resulta difícil detenerme en un dolor o guardar rencor contra alguien por quien verdaderamente estoy orando. También puede que nunca haya una oportunidad o deseo de estar en presencia de alguien que pudo haberme hecho sentir muy mal, pero todavía puedo negarme a mostrar su mal contra él, desearle lo mejor, aunque solo sea a los ojos de mi mente, y lo digo en serio. Y, si el contacto con la otra persona es inevitable, el problema no serán las emociones que pueda o no sentir, sino cómo actúo hacia esa persona a pesar de su error. Si soy un seguidor de Cristo, la elección es clara, debo perdonar.

Principio 3: Perdona a los demás—no mantengas sus errores contra ellos.

CAPÍTULO 5

Juzgando a Otros

No me mires tan engreído, y dices que me voy mal.
¿Quién eres tú para juzgarme y la vida que vivo?

–Bob Marley

Si fuera a encuestar a un grupo de personas que han oído hablar de Jesús, pero no quieren tener nada que ver con él o con una iglesia que lleva su nombre, es probable que digan que las iglesias cristianas están llenas de enjuiciadores e hipócritas. Hay algo de mérito en esta critica, ya que la iglesia está compuesta por personas con fallas como usted y yo, que a menudo no practicamos lo que predicamos, y no hay duda de que, en conjunto, la iglesia puede expresar más abiertamente a qué se opone que a la invitación de los cansados y cargado de escuchar y recibir las buenas nuevas del evangelio. Parece que estamos decididos a señalar a los no creyentes las formas en que se equivocan, cuando el enfoque de Jesús es hablar y comer con ellos, y hacerles saber que ya no tienen que correr ni esconderse porque sus pecados pueden ser perdonados. La razón por la que Jesús vino, como él explicó, fue para encontrar y salvar a las personas que se habían perdido (Lucas 19:10). Tal vez a las personas que no asistían a la Iglesia les encantaba pasar tiempo con Jesús, y no tanto a nosotros porque las personas reaccionan de manera diferente cuando las encuentras que cuando las juzgan.

La ironía de que los cristianos juzguen a otras personas en nombre de Cristo es que Jesús dijo repetidamente que no había venido a juzgar al mundo:

> Si alguno escucha mis palabras, pero no las obedece, no seré yo quien lo juzgué pues no vine a juzgar al mundo sino a salvarlo. (Juan 12:47)

> Porque Dios no envió a su Hijo al mundo para juzgar al mundo, sino para que el mundo sea salvo por Él. (Juan 3:17 LBLA)

Más irónico aún es que Jesús le dijo a sus seguidores que no juzgaran a otros:

> No Juzguen a nadie, para que nadie los juzgue a ustedes. Porque tal como juzguen se les juzgará, y con la medida que midan a otros, se les medirá a ustedes. (Mateo 7:1-2)

Aunque los primeros seguidores de Jesús, como nosotros, también lucharon por ser criticos a veces, se les recordó que esto era contrario a la enseñanza y el ejemplo de Jesús. El principio que se da a través del Nuevo Testamento es que cada uno de nosotros debe reconocer que Dios es el verdadero juez, y todos un día rendirán cuentas a Dios por su propia vida:

> Tú, entonces, ¿por qué juzguen a tu hermano? O tú, ¿por qué lo menosprecias? ¡Todos tendremos que comparecer ante el tribunal de Dios! (Romanos 14:10)

> Por lo tanto, no juzgan nada antes de tiempo; esperen hasta que venga el Señor. Él sacará a la luz lo que está oculto en la

oscuridad y pondrá al descubierto las intenciones de cada corazón. Entonces cada uno recibirá de Dios la alabanza que le corresponda. (1 Corintios 4:5)

Si bien el mandato de Jesús de que no juzguemos a los demás es claro y no recurre a "Porque lo dije" como la razón por la que debemos vivir de acuerdo con su enseñanza. En cambio, señala una verdad más profunda que explica cómo nos conviene vivir de la manera que nos mostró y nos enseñó. Al juzgar a otras personas, dice, nos estamos preparando para el juicio.

Para explorar el impacto total de este principio, es necesario considerar lo que Jesús significa "juzgar a los demás". Debería ser obvio que la vida no se puede vivir sin hacer una serie de juicios todos los días, y hay algunos que, por posición, tienen el deber cívico de pronunciar juicios formales. Pero al decirnos que no juzguemos a los demás, Jesús no está hablando de discernimiento ni de tomar decisiones basadas en nuestra evaluación de una situación o persona, ni se refiere a las decisiones judiciales dictadas en un sistema legal. Tampoco lo es la persona que acusa a los cristianos de ser juzgar.

Lo que Jesús y la crítica se refieren específicamente es la tendencia a enfocarse y señalar las fallas de otras personas. ¿Y por qué hacemos eso? Señalamos sus fallas, ya sean los errores que cometieron, o los defectos físicos o de carácter que tienen, para hacer que se vean mal. Y la razón por la que tratamos de hacer que otros se vean mal es para que nos veamos mejor en comparación. En esencia, le estamos diciendo a quién nos escucha (y a nosotros mismos) por qué debemos ser preferidos, aprobados o recibidos sobre los demás. Estamos diciendo: "Nosotros" somos mejor que ellos ".

Pero ¿qué pasa con las relaciones en las que tenemos la responsabilidad de corregir el comportamiento o la actitud de otra persona que a veces podemos tener con un miembro de la familia, empleados o maestros al estudiante? Hace poco escuché a un hombre compartir su historia, y él me contó lo mal que le había hecho a su novia cuando estaban en la Universidad juntos. En sus fiestas y su estilo de vida promiscuo lo llevaron a tocar fondo, decidió que quería cambiar su rumbo, llegó a donde el padre de su exnovia; en ese momento por ayuda porque el no sabía a dónde acudir.

En lugar de condenarle por su comportamiento, su padre lo alentó con este mensaje: "Eres mejor que eso". Eso probó que la vida cambió para este hombre, y además de liberarse de su estilo de vida destructivo, finalmente se casó con la joven y ahora trabaja en la firma de su suegro.

El testimonio de este hombre ilustra una distinción importante entre juzgar a otra persona y proporcionar corrección en contextos apropiados. Cuando juzgamos a otro, señalamos sus faltas para hacer que se vean mal. Cuando corregimos a alguien, por otra parte, el deseo sincero es que se mejore. Estamos buscando su bien y ayudando donde se nos ha dado la oportunidad. ¿Puede la otra persona percibir erróneamente nuestros motivos en casos específicos de crítica constructiva o corrección? Claro, al igual que podemos ser menos sinceros acerca de la intención de nuestros comentarios para su bienestar. Si somos honestos, veremos que las personas son muy capaces a reconocer cuándo nos comunicamos con palabras o hechos un mensaje de que son inferiores a nosotros.

Sí nuestro enfoque con otras personas es criticarlos y llamar la atención sobre sus errores o luchas para que se vean mal, Jesús dice que se acercarán a nosotros de la misma manera; es decir, usarán "la misma medida". Solo hay que reflexionar sobre algunos ejemplos bien publicitados para ver que esto es así. A la gente le encanta cambiar nuestras propias palabras sobre nosotros, por lo que fue con gran alegría que el público condenó y se burló de un conocido predicador de televisión por sus encuentros personales con una prostituta porque fue muy expresivo en su condena de las prácticas sexuales "del mundo".

Después de que un pastor en particular de una gran iglesia habló en voz alta contra la homosexualidad, las críticas del público fueron ensordecedoras y se consideraron como "noticias nacionales" cuando sus propias experiencias sexuales con otro hombre salieron a la luz.

Piense también sobre la política del lugar de trabajo y cómo los compañeros de trabajo responden a un empleado que siempre parece tener algo malo que decir sobre otro. La crítica y el desprecio se utilizarán contra nosotros cuando un empleado grosero comienza a molestar. Jesús nos recuerda que así es cómo funciona. Lo que se siembra se recoge. El estándar que utilizamos se usará en nuestra contra a menudo y con mucho gusto.

La naturaleza contraproducente de criticar se subraya cuando reconocemos que la razón por la que llamamos la atención sobre las faltas a los demás es en última instancia hacer que se vean mal y que sea mejor en comparación para que obtengamos la aprobación o la aceptación. Pero sí otras personas perciben nuestro espíritu y aire de superioridad (y casi siempre lo harán), buscarán oportunidades para volcarnos y pedir nuestro rechazo por parte de otros. Por lo tanto, la intención estratégica en nuestro enfoque se ve socavada por ello.

Otra razón por la que no debemos juzgar se dirige a las órdenes anteriores de Jesús de que sus seguidores aman y perdonan a otras personas. ¿Cómo podemos amarlos o perdonarlos sinceramente cuando estamos enfocados en señalar sus faltas y tratar de hacer que se vean mal? No podemos. Decir o pensar que somos mejores que los demás, amarlos y perdonarlos son conceptos que se excluyen mutuamente. Por lo tanto, si los que decimos ser seguidores de Cristo no nos preocupamos por mostrar una actitud de juicio hacia una persona o grupo de personas, no solo actuamos en contra del mandato de Jesús de no juzgar a los demás. pero también somos incapaces de mostrarles el amor y el perdón que son fundamentales para vivir el camino de Jesús. Eso no es poca cosa en el contexto de las palabras de Jesús de que sus verdaderos seguidores no son aquellos que simplemente lo llaman "Señor, Señor", sino aquellos que hacen lo que él dice.

La gravedad de esta desconexión entre la enseñanza de Jesús y una actitud o espíritu crítico se ve subrayada aún más por nuestra observación anterior de que muchas personas no quieren tener nada que ver con la iglesia de Cristo porque perciben, a menudo con precisión, que los cristianos son "tan críticos". Por lo tanto, cuando los supuestos seguidores de Jesús deciden juzgar a los demás, efectivamente están alejando a otros de él, lo que se opone diametralmente a la Gran Comisión que Jesús les dio a sus seguidores para ir a todo el mundo y hacer discípulos. Debemos recordar las palabras de Jesús:

> El que no está de mi parte, está contra mí; y
> el que conmigo no recoge, esparce. (Lucas
> 11:23)

El preocupante recordatorio es que juzgar a los demás, señalar sus faltas para lanzarlos en una luz negociadora, no solo nos impide seguir las enseñanzas de Jesús, sino que nos enfrenta a él.

En lugar de centrarse en las faltas de los demás, Jesús llama a sus seguidores para que se dirijan a los suyas:

> ¿Por qué te fijas en la astilla que tiene tu
> hermano en el ojo, y no le das importancia
> a la viga que está en el tuyo? ¿Cómo puedes
> decirle a tu hermano: "¿Déjame sacarte la
> astilla del ojo," cuando ahí tienes una viga
> en el tuyo? ¡Hipócritas!, saca primero la viga
> de tu propio ojo, y entonces verás con
> claridad para sacar la astilla del ojo de tu
> hermano. (Mateo 7:3-5)

Cuando veo una falla en ti o en otros, mi respuesta no debe ser señalarla y transmitirle "Creo que soy mejor que usted". Más bien, debo examinarme a mí para ver si esa falta también está en mí (o trabajar en ella si ya sé que lo es). Este enfoque evitara cualquier acusación racional de condenación de sí mismo y, en cambio, muestra una humildad que es indiscutiblemente parecida a la de Cristo y, la mayoría de las veces es una victoria. También es libertadora. No gastaré mi tiempo y mi energía tratando de hacer que otros se vean mal y yo mejor en comparación. En cambio, estoy en libertad de amarlos incondicionalmente, con fallas y todo, tal como Jesús dijo que deberían ser sus seguidores, y la forma en que dijo; que Dios nos ama a todos.

Principio 4: En lugar de juzgar a los demás y centrarte en sus faltas, comienza por las tuyas.

CAPÍTULO 6

Presumiendo

Tenías un ojo en el espejo mientras veías tu propio baile.

–Carly Simon

De vez en cuando me encuentro con alguien que lucha con la rivalidad entre hermanos. El tipo al que me refiero no es meramente una mayor competencia en el aula o en el campo de juego, sino una rivalidad nacida de una convicción profunda, tal vez por una buena razón, de que el hermano o la hermana de uno fueron favorecidos descaradamente por sus padres y maestros. Y aunque cada uno fue más criticado, el hermano favorecido no podía equivocarse. Si no se controla, tales situaciones pueden llevar a sentimientos patológicos de insuficiencia en el que constantemente está a la altura. Las interminables comparaciones, "¿Por qué no puedes ser más como tu hermano?", Resultarán en una amargura y un resentimiento que pueden ser una carga para toda la vida.

Conozco a una mujer de mediana edad que lucha hasta el día de hoy con la percepción de que su hermana siempre era "Señorita Perfecta", deslizándose dulcemente por el camino recto y estrecho bajo la mirada de aprobación de mamá, papá y una multitud de admiradores, en contraste con su propia jornada, que fue más incoherente y recalcada por un tiempo considerable en "la cuneta" en el abandono.

Incluso fuera del contexto familiar, tenemos una tendencia como personas a compararnos con otros y sacar conclusiones acerca de cuán malos o buenos somos. Ya sabes qué hacer. Cuando nos enfrentamos a nuestros propios errores o defectos, podemos decir o pensar: "Al menos no soy tan malo como Ted Bundy", o Jack el Destripador, o alguna otra persona notoria. Y la mayoría de nosotros probablemente conocemos la sensación cuando nos hemos volcado en un proyecto, ya sea en la escuela o en nuestro trabajo, y nos sentimos bastante bien hasta que vimos el extraordinario proyecto entregado por nuestro compañero o compañero de trabajo. ¡La peor parte es cuando percibimos esa apariencia de superioridad después de que se anuncie el grado, el premio o la promoción, y nos demos cuenta de que realmente podrían ser mejores que tú o yo!

Los hombres y mujeres que se reunieron para escuchar a Jesús enseñando su famoso Sermón del Monte deben haber sentido un escalofrío en sus espaldas cuando dijo:

> Porque les digo a ustedes, que no van a
> entrar en el reino de los cielos a menos que
> su justicia supere a la de los fariseos y de
> los maestros de la ley. (Mateo 5:20)

Para esa audiencia judía, los fariseos y los maestros de la ley eran la definición misma de la justicia. Eran hombres santos que eran temidos y sostenidos por la gente en alta estima. Muchos habían memorizado y podían recitar la Torá, diciéndoles a los oyentes la palabra del medio, incluso la letra del medio, de toda la escritura. Decir que eran "más santos que tú" era un eufemismo, y probablemente una causa de resentimiento entre la gente. La carga o el yugo que pusieron en la gente en términos de requisitos morales y religiosos era pesada y opresiva. El estándar de justicia que retrataron habría sido considerado por la gente como una barrera demasiado alta y fuera de su alcance.

Entonces, ¿qué quiso decir Jesús al decirle a la multitud que no tenían oportunidad a menos que su justicia superara la justicia de esos tipos ultra religiosos? Obtenemos una idea de lo que caracteriza a la "justicia de los fariseos" en estas palabras de Cristo:

> Los maestros de la ley y los fariseos tienen la responsabilidad de interpretar a Moisés. Así que ustedes deben obedecerlos y hacer todo lo que les digan. Pero no hagan lo que hacen ellos, porque no practican lo que predican. Atan carga pesadas y las ponen sobre las espalda de los demás, pero ellos mismos no están dispuestos a mover ni un dedo para levantarlas.Todo lo hacen para que la gente los vea...el que a sí mismo se enaltece será humillado, y el que se humilla será enaltecido. (Mateo 23:2-12)

Los fariseos y los maestros de la ley se exaltaron a sí mismos, y hacerlo fue su ocupación de tiempo completo. Jesús los llamó repetidamente a estos y señaló que no era una verdadera justicia, sino más bien un espectáculo de justicia propia. Al decirles a sus oyentes que su justicia debe exceder la de los líderes religiosos, Jesús estaba diciendo que no debemos tener justicia propia, porque las personas que tienen justicia propia no tienen lugar en el Reino de Dios. No son los que se exaltan a sí mismos con orgullo, sino aquellos que son humildes los que reciben la bendición de Dios, "Pero Él da mayor gracia. Por eso dice: Dios resiste a los soberbios, pero da gracia a los humildes" (Santiago 4:6 LBLA).

Si bien eso solo debería ser una advertencia suficiente para que huyamos del enfoque de los fariseos, hay otras buenas razones para evitar la justicia propia. Por un lado, es un acto falso, porque llamar la atención a nuestras buenas obras o hechos religiosos es fundamentalmente sobre cómo nos vemos y no cómo somos realmente. Y al igual que los fariseos que no practicaron lo que predicaban, inevitablemente no lograremos ni siquiera nuestros propios estándares artificiales (que, sin embargo tratamos de imponer a los demás), y esa hipocresía eventualmente será expuesta a nuestra vergüenza duradera. Además, las palabras más fuertes registradas de Jesús fueron pronunciadas en contra de estas personas que orgullosamente se consideran justas (Mateo 23: 13-33). De hecho, las acusaciones de ellos fueron tan mordaces que decidieron que lo matarían para callarlo. Si queremos ser seguidores de Jesús, ¿por qué actuaríamos como ellos?

Para esquivar la trampa de la justicia propia, Jesús instruyó a sus seguidores a evitar hacer sus obras de justicia para ser vistos por otros. De hecho, a diferencia de las demostraciones religiosas, debemos ser intencionales para no llamar la atención sobre nuestro acto religioso y nuestras buenas acciones. Él usó ejemplos específicos que van al corazón para el enfoque de los fariseos y las personas justas, religiosas en todas partes, que incluyen orar, ayunar y dar a los necesitados y llamar la atención (Mateo 6:1-6, 16-18). Jesús observa que hacer tales cosas para impresionar a otros no proporciona una respuesta duradera, incluso si nuestro "show" tiene éxito en obtener su alabanza. Y, si hacemos nuestros actos de "adoración" o buenas obras para ser vistos o reconocidos, Jesús nos dice que de alguna manera negamos cualquier recompensa de Dios. En resumen, la alabanza o la recompensa de los hombres será todo lo que hay, y como sabemos, incluso eso no es algo seguro.

Considera también que nuestros actos religiosos de adoración son aquellos en los que reconocemos y honramos a Dios y sus atributos. Orar, ayunar y dar ciertamente califican, y por definición, tal adoración debe ser dirigida fundamentalmente hacia Dios. Pero si en cambio, estamos realizando tales actos para ser vistos e impresionar a otros que pueden (o no) estar observando, se deduce que nuestra adoración en sí misma no puede ser genuina. De hecho, no importa cuán religiosos tratemos de hacer para que nuestros actos parezcan, de adoración absoluta, sino que es simplemente egocentrico.

La ironía, explica Jesús, es que Dios nos está observando y está bien consciente de nuestros motivos ocultos, por lo que Él ve a través de nuestra farsa incluso si otros no lo hacen. Todos los demás pueden caer en la trampa o no importarle si yo, por ejemplo, hago esa gran donación a mi iglesia para obtener mi nombre en un edificio, pero si la enseñanza de Jesús es verdadera, Dios ve a través de eso. Se le recordó al profeta Samuel que Dios ve las cosas de manera diferente que nosotros cuando Samuel fue dirigido a ungir a un rey para suceder a Saúl:

> Pero el Señor le dijo a Samuel: No te dejes impresionar por su apariencia ni por su estatura, pues yo lo he rechazado. La gente se fija en las apariencias, pero yo me fijo en el corazón. (1Samuel 16:7)

De la misma manera, Jesús explica que Dios está consciente de nuestros actos justos que están sinceramente motivados: "Así tu Padre, que ve lo que se hace en secreto, te recompensará." (Mateo 6:4). Si eso es cierto, y si existe la posibilidad de que neguemos la recompensa de Dios al llamar la atención sobre nuestros actos, no debemos insistir en el reconocimiento o la afirmación de los demás. Tampoco debemos preocuparnos cuando las personas ignoran o pasan por alto el bien que hemos hecho. Si bien a veces puede ser muy tentador dejar que la gente sepa, por ejemplo, que estamos ayunando o que hemos hecho una donación a la iglesia o a los necesitados, Jesús nos enseña a resistir para protegernos contra una actitud de justicia propia que crezca en nuestros corazones.

La verdad subyacente es que Dios es la audiencia que importa, porque ve todo lo que hacemos por lo que realmente es. Los teólogos cristianos han descrito esta perspectiva en la frase latina de coram Deo, literalmente "ante el rostro de Dios", e incluso han reconocido de manera profunda que esta idea se extiende más allá de nuestra adoración y buenas obras y se aplica a todos los aspectos de la vida. El teólogo y pastor R.C. Sproul escribe,

> Coram Deo captura la esencia de la vida cristiana. Esta frase literalmente se refiere a algo que tiene lugar en presencia de Dios o delante de él ... Vivir en presencia de Dios

es entender que cualquier cosa que estemos haciendo y donde sea que lo estemos haciendo, estamos actuando bajo la mirada de Dios ... Vivir toda la vida Coram Deo es vivir una vida de integridad ... que funciona de la misma manera básica en la iglesia y fuera de la iglesia. Es una vida ... en la que todo lo que se hace se hace en cuanto al Señor. (Sproul 2015)

Cuando vivimos de esta manera, como Jesús nos recuerda, encontramos una audiencia con aquel que siempre sabe si nuestra adoración es genuina y nuestras buenas obras sinceras, porque Dios ve todo y pesa nuestros corazones.

Hay consecuencias inmediatas para este cambio de perspectiva. Por un lado, estamos liberados de la preocupación de ser mal entendido. Como un letrero en la pared del hogar de los niños de la Madre Teresa en Calcuta, lea los mandamientos Paradójicos: "Si usted es amable, la gente puede acusarlo de motivos egoístas e intensión oculta. Sea amable de todos modos" (Keith, 2001). Podemos estar seguros de que Dios verá nuestra sinceridad, así como nuestra duplicidad o motivos mixtos.

Viviendo coram Deo también nos libera de la necesidad de afirmación de los demás. Si bien es ciertamente agradable ser reconocido, apreciado o incluso agradecido cuando servimos a otros, esto es algo que no podemos controlar y no debemos insistir antes de que hagamos por ellos el bien que está en nuestro poder y oportunidad de hacer. En una ocasión registrada, Jesús sanó a diez leprosos y solo uno, un samaritano, tuvo buenos modales para decir gracias (Lucas 17:11-19). Probablemente todos podamos recordar los actos de amabilidad que brindamos cuando el que lo recibe no nos agradecio, sino que también actuó como si tuviera derecho a nuestro servicio. Y seamos honestos, cuando no recibimos el agradecimiento o el reconocimiento que creemos que merecemos o, lo que es peor, se dirige erróneamente a otra persona, quedamos resentidos y amargados. Algunos de nosotros hemos albergado tales sentimientos durante mucho tiempo, y nos han robado totalmente la alegría. El antídoto para tales males, dice Jesús, es mirar a Dios y no a los hombres y mujeres para nuestro reconocimiento y recompensa.

La perspectiva cambiada de vivir nuestras vidas para agradar a Dios en lugar de buscar la alabanza o el reconocimiento de los hombres también nos libera para celebrar genuinamente los logros y las buenas obras de otras personas. Podemos felicitarlos y decirlo en serio, sin celos, ni resentimiento o en secreto deseando que hubiéramos sido nosotros los que hicimos lo que otros hicieron. Este enfoque tiene un impacto significativo en casi todo lo que dominamos, no solo haciéndonos más ganadores para los demás, sino también llenando nuestras vidas con optimismo y gozo.

Algunos podrían recordar que la Biblia enseña que somos creados por Dios en Cristo Jesús "para hacer buenas obras que Dios preparó de antemano para que hagamos" (Efesios 2:10). ¿Y el mismo Jesús no le dijo a la gente en la colina que "deje que su luz brille ante los demás, para que puedan ver sus buenas obras y glorificar a su Padre en el cielo" (Mateo 5:16)?

Como cuestión práctica, también parece casi imposible hacer todas las buenas acciones de forma anónima para que nadie sepa o note quién las hizo. Sin embargo, la distinción que hace Jesús tiene que ver con nuestra motivación, es decir, por qué hacemos lo bueno, y mostrar lo santo que somos, entonces esa es la esencia de la justicia de los fariseos. Sin embargo, si nuestra adoración o nuestras buenas acciones se realizan para que otros puedan reconocer y experimentar a Dios, entonces hemos actuado como seguidores de Cristo, amando y sirviendo a los que están a nuestro alcance, incluso a los más pequeños y marginados, y trabajando para traer el reino de Dios a la tierra, como en el cielo."

Si profundizamos, vemos que los principios de Jesús de no juzgar a los demás, y no mostrar nuestras obras religiosas o buenas, son lados diferentes de la misma moneda. Ambas son estrategias destinadas a hacernos ver mejor. En un caso, señalamos las fallas de otro para que se vean peor que nosotros, y en el otro caso, señalamos nuestra "justicia" para que nos veamos mejor que ellos. ¿Cuál es la técnica común? Comparándonos con otros, y debemos evitarlo, ya sea negativo (cuando me enfoco en las faltas de los demás) o positivo (cuando me enfoco en mis actos religiosos o buenas obras). De cualquier manera, estoy transmitiendo el pensamiento de que soy mejor que otra persona.

Esta tendencia a compararme con otras personas plantea la pregunta de por qué estoy tan comprometido a verme mejor que ellos, ya sea a través de ser crítico o exaltarme a mí mismo. Nuevamente, hacemos esto para ser aceptado y aprobado. ¿Por quién? Por otros y en última instancia, si somos personas de fe, por Dios. Esto revela algo importante acerca de cómo vemos la base para una relación con Dios, ya que desmiente nuestra perspectiva de que debemos ganar la aprobación de Dios o convencerlo de que nos acepte. Expone nuestra convicción de que podemos y debemos hacer algo para amar a Dios. Jesús, sin embargo, disipó esa idea en su diálogo muy franco con un líder religioso llamado Nicodemo diciéndole:

> Porque tanto amó Dios al mundo, que dio a su Hijo unigénito, para que todo el que cree en él no se pierda, sino que tenga vida eterna. (Juan 3:16)

Jesús enseñó que el amor de Dios para todas las personas es universal, que emana de la naturaleza de Dios y no de nuestro propio valor. La invitación de la gracia de Dios en su familia y su reino ya está ahí para cualquier persona que la quiera, por quién es Jesús y por lo que hizo por nosotros lo que no pudimos hacer por nosotros mismos. La verdad dijo Jesús, es aceptada por la fe, no arraigada por nada de lo que hacemos, y es el comienzo o el renacimiento de una nueva vida. El derramamiento de esa fe en la forma de una vida comprometida con las buenas obras y el servicio que Jesús modeló y enseñó es inevitable, y esencialmente la marca familiar de sus verdaderos seguidores. Lo bueno que hacemos no es la base para nuestra aceptación por parte de Dios, sino el resultado de ello.

Cuando nos rendimos a la idea de que debemos y podemos hacer lo suficiente para obtener la aprobación y aceptación de Dios, esto demuestra que realmente no confiamos en la palabra de Jesús, y caemos en la perspectiva del hermano mayor en la famosa historia de Jesús de dos hijos (Lucas 15:11-31). Al ver la aceptación amorosa y festiva de su hermano pródigo por parte de su padre después de que él regresó de haber malgastado su dinero en vino, mujeres y fiestas, el hermano mayor se enfurruñó y rechazó las peticiones de su padre para unirse a la fiesta, diciendo:

¡Fíjate cuántos años te he servido sin desobedecerte jamás tus órdenes, y ni un cabrito me has dado para celebrar una fiesta con mis amigos! ¡Pero ahora llega ese hijo tuyo, que ha despilfarrado tu fortuna con prostitutas, y tú mandas matar en su honor el ternero más gordo! (Lucas 15:29-30)

Jesús revela la locura de la perspectiva del hermano mayor a través de las palabras de este padre: "Mi hijo ... siempre estás conmigo, y todo lo que tengo es tuyo (Lucas 15:31). Sin embargo, no hay ninguna indicación de que el hermano mayor alguna vez se unió a la fiesta.

Obtenemos la perspectiva del hermano mayor de forma natural, ya que así es como funciona el sistema del mundo. Desde nuestros primeros días seleccionando equipos en el patio de recreo, a la espera de que nos inviten a la fiesta de graduación, a competir por la promoción o la membresía en el club o la hermandad de mujeres, nos estamos comparando constantemente y comparándonos con los demás. Dicha comparación y competencia ni siquiera son intrínsecamente malas, ya que son el combustible de sistemas viables, aunque defectuosos, económicos, sociales y políticos. Cualquier dueño de negocios o entrenador de equipo quiere que su personal o producto sea mejor que el de la competencia. La competencia puede ser bastante constructiva. Sin embargo, nuestras experiencias de vida constantemente reforzadas a menudo resultan en una "mentalidad de bote salvavidas" en la que creemos que debemos hacernos ver mejor que la otra persona para ganar o mantener nuestro lugar "en el bote" (Miller 2004, 113).

El mensaje de Jesús es que hemos sido liberados de esa presión para hacernos ver mejor qué otras personas con el fin de obtener la aprobación y la aceptación de Dios. Él nos dice que ya somos aceptados y amados por Dios, con defectos y todo. No lo merecemos, y nunca podríamos hacer lo suficiente para ganarlo, pero Dios nos ama de todos modos. Eso es lo que significa la gracia. No solo eso, sino también los caminos de Jesús, debemos amar a los demás de la misma manera, dándonos cuenta de que todos estamos en el barco, necesitando la gracia de Dios, que es suficiente para alcanzarnos y salvarnos a todos.

Los seguidores de Cristo y su iglesia no deben operar igual que el sistema del mundo, no podemos y aún así distinguirnos como "sal" y "luz". Mientras que inevitablemente nos encontraremos en el mercado competitivo u otras instituciones impulsadas por comparaciones constantes entre nosotros y otras personas, sin embargo, estamos liberados para amarlos incondicionalmente, seguros de nuestra aceptación por parte de Dios, y apuntándoles a la misma realización del amor y la gracia de Dios.

Principio 5: No hagas una demostración de tu religión ni llames la atención sobre tus buenas acciones.

CAPÍTULO 7

Valorando lo Espiritual

Podrías ahogarte en joyas como mil otros tontos
Mientras estás allí mirando hacia abajo a lo que has
ganado

–Bruce Cockburn

Mientras discutímos nuestra tendencia a ser consumidos con lo que comemos o bebemos, o qué vestirenos, Jesús preguntó a sus oyentes: "¿No es la vida más que la comida y el cuerpo más que la ropa" (Mateo 6:25)? Al observar que Dios sabe que necesitamos tales necesidades básicas, Jesús instó a sus seguidores,

> Más bien, busquen primeramente el reino
> de Dios y su justicia, y todas estas cosas les
> serán añadidas. (Mateo 6:33)

Al decirles a sus seguidores que hay algo más importante y beneficioso que buscar las necesidades materiales, saber del reino de Dios y vivir correctamente de acuerdo con las normas de Dios en lugar de las nuestras, Jesús nos estaba enseñando un sistema de prioridades que es completamente diferente al propuesto por nuestra cultura.

El reino de Dios fue una idea con la que la audiencia judía de Jesús hubiera sido bastante familiar. Desde las primeras páginas de la Torá a través de los libros históricos, salmos y escritos de los profetas, las promesas de Dios de enviar un rey que establecería un reino eterno es el tema central de las Escrituras que veneran. Estos registraron la promesa de Dios de enviar a alguien "nacido de mujer" para liberar a su pueblo de los daño del pecado y del mal (Génesis 3:15), que serían de los descendientes de Abraham (Génesis 12:1-3), específicamente el gobernante forma la tribu de Judá (Génesis 49:10) y el linaje del rey David (1 Crónicas 17:11-14). Él nacería en Belén (Miqueas 5:2) de una virgen, y sería la presencia misma de Dios en la tierra (Isaías 7:14), quien reinará sobre su reino en justicia y rectitud para siempre (Isaías 9: 6-7). Las personas, especialmente en su contexto actual de la opresión romana, esperaban ansiosamente a este Mesías y sabían todo sobre el reino.

O eso creían ellos. A lo largo de los tres años de este ministerio público, Jesús cambió sistemáticamente su comprensión del reino de Dios. Para empezar, enseñó que "Dios es espíritu, y sus adoradores deben adorar en el espíritu y en la verdad" (Juan 4:24). Sigue, entonces, que para "ver o entrar" en el reino de Dios, como dijo Jesús, nuestro nacimiento como seres humanos no es suficiente, también debemos experimentar un nacimiento espiritual (Juan 3: 3). No solo eso, sino que también el reino predicho en sus escrituras era diferente a todo lo que cualquiera esperaba:

> Los fariseos le preguntaron a Jesús cuándo iba a venir el reino de Dios, y él les respondió: La venida del reino de Dios no se puede someter a cálculos. No van a decir: "¡Mírenlo acá! ¡Mírenlo allá!" Dense cuenta

de que el reino de Dios está entre ustedes.
(Lucas 17:20-21)

Este reino del verdadero Espíritu de Dios, compuesto por adoradores que están espiritualmente vivos y sometidos a la autoridad de Dios, no es visible a simple vista pero, sin embargo, está presente en nuestro medio porque es un reino espiritual, que trasciende el tiempo y el espacio. Si debemos buscarlo primero, "como lo instruye Jesús, significa que es espiritual y nuestra participación en él tienen más valor que cualquier lo material, incluso las necesidades básicas de la vida.

Pero el valor de lo espiritual no es simplemente mayor que las cosas materiales que consumen nuestro tiempo, energía y otros recursos, también es más importante que nuestros cuerpos físicos. En algunas de las palabras más duras de Jesús,

> Por lo tanto, si tu ojo derecho te hace pecar, sácatelo y tíralo. Más vale perder una sola parte de tu cuerpo, y no que todo él sea arrojado al infierno. Y si tu mano derecha te hace pecar, córtatela y arrójala. Más vale perder una sola parte de tu cuerpo, y no que todo él vaya al infierno. (Mateo 5:29-30)

Se podría observar que, si aplicáramos esta extraña enseñanza literalmente, ¡podríamos ser todos ciegos y sin manos! Entonces, ¿está Jesús llamando a sus seguidores a la auto mutilación? El hecho del asunto es que no nos deja ir tan fácil, advirtiendo que el costo del discípulado va más allá de las partes de nuestro cuerpo hasta nuestras vidas:

> Dirigiéndose a todos, declaró: Si alguien quiere ser mi discípulo, que se niege a sí

> mismo, lleve su cruz cada día y me siga.
> Porque el que quiera salvar su vida, la
> perderá; pero el que pierda su vida por mi
> causa, la salvará. (Lucas 9:23-24)

Como observó Dietrich Bonhoeffer, "Cuando Cristo llama a un hombre, le pide que venga y muera" (Bonhoeffer, 1959, 89). Entonces, ¿qué quiere decir Cristo con sus palabras con respecto a nuestras manos y ojos? Como suelen hacer los buenos maestros, utiliza la hipérbole para expresar su opinión, que es que las realidades espirituales de la vida son más importantes que incluso nuestros propios cuerpos, al igual que son más importantes que las cosas materiales de la vida.

A lo largo de la historia de la iglesia, las personas mal informadas han usado la enseñanza de Jesús para transmitir que cuerpos físicos y cosas materiales son malignos y deben ser considerados detestables. Algunas de las cartas en el Nuevo Testamento abordan específicamente el error del punto de vista. Francamente, uno no necesita involucrarse en un análisis filosófico riguroso para comprender que es contraproducente afirmar que la fe en Dios el Creador de todas las cosas, intrínsecamente bueno y todo poderoso, incluyendo nuestros cuerpos y el mundo en el que nacimos, mientras afirmamos que los cuerpos que Dios no dio y el mundo material que no rodea son herencia del mal. Si Dios es soberano, cómo enseñan las Escrituras, entonces no es un error que tengamos los cuerpos que tenemos, esa función y la reproducción que hacen. Debemos celebrar esto, en contextos que agraden a Dios, reconociendo con gratitud como lo hizo el salmista que somos "creación admirable y maravillosa" (Salmo 139:14).

Igualmente, no es un error que Dios nos haya puesto a cada uno de nosotros aquí y ahora, con los recursos que tenemos a nuestra disposición. Debemos ser administradores de todos nuestros buenos regalos, reconociendo que somos responsables de usarlos sabiamente. Y mientras ustedes y yo abrazamos y celebramos las bendiciones físicas y materiales de nuestras vidas, debemos entender que son menos importantes y beneficiosas que las realidades espirituales del reino de Dios y de las que tenemos derecho, que debemos valorar y buscar por encima de todo.

Por otra parte, Jesús lo resumió todo en la pregunta retórica: "¿De qué sirve que alguien gane todo el mundo y pierda su alma?" (Marcos 8:36). Como la persona que soy, de la manera en que Dios me hizo, debo ver que mi relación espiritual con Dios, en la que reconozco a Dios como Dios (Romanos 1:21) y adoptar su autoridad sobre mí, es mi prioridad más alta en la vida. De todas las cosas importantes, esta es la más importante.

Hay algunas consecuencias que se derivan de esta prioridad y que tienen una aplicación particular para nosotros en esta cultura. Una es que no debemos ser consumidos con nuestra apariencia externa. Eso es algo difícil en una cultura que nos bombardea y especialmente a las mujeres jóvenes, con estándares de belleza hipersexualizadas, poco realistas, con maquillaje aerógrafo y con Photoshop. Una cosa es cuidar de nosotros mismos y tratar de lucir bien, pero considere cuánto tiempo, energía y dinero se nos anima a gastar en moda, dieta, ejercicio e incluso cirugía estética. Las voces nos gritan y nos rodean proclaman que nuestra apariencia y aspecto son las cosas más importantes y deben ser el foco de nuestras vidas, pero Jesús dijo que no es así.

Otra consecuencia del sistema prioritario de Jesús es que no debemos vivir como si nuestro principal valor es la autoconservación, no lo es. Él dijo, y mostró que vale la pena morir por algunas cosas:

> Nadie tiene amor más grande que él dar la vida por sus amigos. (Juan 15:13)

> Porque el que quiera salvar a su vida, la perderá; pero el que pierda su vida por mi causa y por el evangelio, la salvará. (Marcos 8:35)

Si bien ciertamente hay una importancia para la auto protección y la seguridad personal, a veces, especialmente como padres, comunicamos un mensaje de que lo único que importa es preservar la seguridad y el bienestar. En una forma, pueden ser llamados "padres helicópteros" quien siempre está rondando, insistiendo en que puede y debe aislar a sus hijos de cualquier posible daño físico o emocional. Puede ser el padre que se niegue a apoyar la decisión apasionada de un niño adulto de unirse al Cuerpo de Paz o la milicia o servir como misionero en una tierra distante y devastada por la guerra. En su lugar, podemos modelar y comunicar adecuadamente a nuestros hijos que hay algunas cosas por las que vale la pena sacrificarse, luchar e incluso morir por ellas, y enseñarles a discernir cuales son.

Más allá de la crianza de los hijos, hay muchas voces que nos hacen vivir nuestras vidas con miedo, instándonos a emitir nuestros votos de una u otra manera, gastar nuestro dinero en una forma de protección tras otra, o aprovechar una oportunidad fugaz (ya sea ilícita o no) porque nunca podremos volver a obtenerla. En última instancia, estos se complacen con nuestro miedo a morir, y el mensaje de Jesús es que ya no debemos temer más a la muerte, él nos ha liberado de ese temor universal (Juan 11:25, 10:28-29; Hebreo 2:14-15). El amor perfecto de Dios desecha todo nuestro temor (1 Juan 4:18).

Otra consecuencia de la prioridad de lo espiritual sobre lo material o físico es que lo permitimos dentro de nuestros corazones y mentes que podrían causarnos más daño de lo que creemos. Jesus dijo,

> Escúchenme todos, dijo, y entiendan esto: Nada de lo que viene de afuera puede contaminar a una persona. Más bien, lo que sale de la persona es lo que contamina...Porque no entra en su corazón, porque de adentro, del corazón humano salen los malos pensamientos, la inmoralidad sexual, los robos, los homicidios, los adulterios, la avaricia, la maldad, el engaño, el libertinaje, la envidia, la calumnia, la arrogancia y la necedad. Todos estos males vienen de adentro y contaminan a la persona. (Marcos 7:14-23)

Esta es la razón por la que las ideas son tan importantes que son semillas que bien podrían enraizarse y convertirse en acciones en toda regla, y eso es cierto tanto para los individuos como para los grupos colectivos, cómo las sociedades o las naciones. Ejemplo de lo último se ven en el racismo estructural, los grupos de odio y el genocidio, todos los cuales prevalecen en el mundo de hoy. Y si bien hay una igualdad de personas ante Dios, todas las cuales deben ser amadas y tratadas con dignidad y respeto, no ocurre lo mismo con las ideas. Algunas ideas son inferiores a otras y deben ser reconocidas como tales, e incluso destruidas (2 Corintios 10:5), porque si somos indiferentes respecto a ellas, podríamos encontrarnos, individual o colectivamente, más adelante en un camino de un comportamiento que nunca, pensamos que llegaríamos a ir. Es por eso que Jesús nos advierte contra las acciones ilícitas desde su raíz, enseñando, por ejemplo, que es la ira la que puede convertirse en asesinato y los pensamientos lujuriosos que pueden llevar al adulterio (Mateo 5:21-27).

Al abrazar el sistema de prioridad que enseñó Jesús, en el que consideramos nuestra salud espiritual como más importante que incluso las dimensiones materiales o físicas de nuestras vidas, protegeremos nuestros corazones y mentes de pensamientos o conductas mínimas que inevitablemente conducirían a experiencias menores que aquellas de una vida plena y abundante. Y, encontraremos la paz, la alegría y el amor resultantes a lo que Jesús nos invita a todos a través de la búsqueda de la vida a su manera.

Principio 6: Valorar las realidades espirituales de la vida incluso más que las realidades materiales o físicas.

CAPÍTULO 8

Evitando la Preocupación

Entonces, ¿por qué preocuparse ahora?

–Dire Straits

Vivo en una ciudad en la costa de Florida en la que las visitas a nuestras hermosas playas son una parte normal de la vida. De vez en cuando, me encuentro con personas que todavía no van a entrar en el océano porque vieron la película Tiburon y siguen aterrorizados por los tiburones. Parece que el miedo a ser comido vivo es profundo y duradero, y las pequeñas probabilidades de un encuentro con un tiburón son suficientes para mantenerlos atrapados en la playa, sin importar cuán refrescante o divertido sea el chapoteo en la playa y en las olas.

En el mismo pasaje en el que Jesús les enseña a sus seguidores el mayor valor y prioridad que deben otorgar a las realidades espirituales sobre las que son materiales o físicas, sé dirigió al mayor obstáculo para vivir de esa manera: la preocupación. Si somos honestos, muchos de nosotros permitimos que la preocupación nos "consuma", lo cual, entre otras cosas, nos impide tener muchas experiencias alegres y estimulantes en la vida. Jesús dice que no debemos vivir de esa manera.

Por eso les digo: No se preocupen por su vida, qué comerán o beberán; ni por su cuerpo, cómo se vestirán. ¿No tiene la vida más valor que la comida, y el cuerpo más que la ropa? ¿Quién de ustedes, por mucho que se preocupe, puede añadir una sola hora al curso de la vida? Así que no se preocupen diciendo: "¿Qué comeremos?" o "¿Qué beberemos?" o "¿Con qué nos vestiremos?" Porque los paganos andan tras todas estas cosas, y el Padre Celestial sabe que ustedes las necesitan. Mas bien, busquen primeramente el reino de Dios y su justicia, y todas estas cosas les serán añadidas. Por lo tanto, no se angustien por el mañana, el cual tendrá sus propios afanes. Cada día tiene ya sus problemas. (Mateo 6:25-34)

La referencia de Jesús a los problemas en su declaración resumida nos recuerda que la preocupación en su esencia es anticipar eventos o circunstancias negativas que pueden o no suceder. Se está involucrando en lo que pasa, y debido a que es anticipatorió nos impide estar presentes en el momento. Preocuparse, dice Jesús, no logra nada y mantiene nuestro enfoque fuera de los desafíos actuales. También tiene un costo espiritual, ya que es contrario a la fe, que es fundamental para abrazar las realidades espirituales de la vida. Y, como sabemos que forman nuestras propias experiencias, también es perjudicial para nuestro bienestar emocional e incluso físico. ¿Quién entre nosotros no se ha sentido, o visto a otro enfermo de preocupación?

No es de extrañar que la exhortación de Jesús a sus oyentes, "No te preocupes", sea enfática y repetida. Y los ejemplos que da revelan que también es amplio y categórico. Se nos dice claramente que no nos preocupemos por las cosas materiales, incluso las necesidades básicas como la comida, la bebida y la ropa. Asimismo, deja claro que no debemos preocuparnos por el mañana, es decir, el futuro. Al señalar que ninguno de nosotros por más preocupados que estemos puede agregar una sola hora a nuestras vidas, sin embargo, Jesús también nos está diciendo que no nos preocupemos por las cosas que no podemos controlar. Muchas cosas que nos tentarían a preocuparnos caen en esa categoría. ¿Se recuperará la economía? ¿Desarrollaré la enfermedad de Alzheimer? ¿Por qué mis compañeros de clase piensan que soy raro? ¿Un régimen inestable conseguirá sus armas nucleares? Si no debo preocuparme por las cosas materiales, el futuro o lo que no puedo controlar, ¿qué me queda por preocuparme? Obviamente nada, y ese es el punto de Jesús.

Su orden puede ser clara e integral, pero ¿cómo no nos preocupamos? Cuando mi esposa, Sally, y yo inesperadamente supimos que ella estaba embarazada con nuestro cuarto hijo, un análisis normal de prenatal en el primer trimestre revelo al rango de una anomalía genética. Tras realizar más análisis, se confirmó que nuestro bebé tiene trisomía 21, síndrome de Down. A pesar de que Sally tiene un título y capacitación especializada y experiencia trabajando con niños con necesidades especiales, y una de las hermanas mayores tiene síndrome de Down, el diagnóstico definitivo sacudió nuestro mundo y puso en tela de juicio todas nuestras opiniones sobre la interrupción del embarazo. Estábamos aturdidos y no estábamos seguros de nuestro próximo paso. Pensamientos consumieron nuestras mentes y conversaciones angustiantes tuvimos sobre lo que vendría. Incluso nuestros intentos de orar durante esta crisis personal parecían llevarnos a la misma pregunta. ¿Cómo vamos a cuidar a este niño? ¿Se desempeñará bien? ¿Tendrá otros problemas físicos a menudo relacionados con el síndrome de Down? ¿Va a ir a la escuela? ¿Será capaz de leer y escribir? ¿Vivirá siempre con nosotros? ¿Quién lo cuidará cuando nos vayamos, etc.?

Un amigo cercano se reunió con nosotros rápidamente al recibir la noticia y escuchó pacientemente mientras expresábamos nuestras preocupaciones. Luego observó suavemente que estábamos proyectando y comprimiendo todos los problemas potenciales de la vida de nuestro hijo en este momento y tratando de tomar nuestra decisión desde esa perspectiva. Nos recordó que la vida, la vida de cualquiera, ya sea con necesidades especiales o no, no puede ser vivida de esa manera. El enfoque debe estar en vivir este día, no algunos días por delante que puedan o no llegar. Ese fue también el punto de Jesús cuando dijo: "Cada día tiene sus propios problemas". Abrazar esta perspectiva es esencial, y podría ver la aplicación inmediatamente a otras decisiones trascendentales en mi vida.

Sally y yo habíamos estado casados por casi diez años en ese momento (y más de treinta ahora), y aunque hemos tenido nuestras luchas y crisis, somos bendecidos y felices juntos. No tengo ninguna duda de que ella pacientemente me ha hecho un hombre mejor. Sin embargo no puedo imaginar, si una persona bienintencionada me hubiera apartado antes de que fuera al altar el día de nuestra boda y me dijera, con el espíritu de "total divulgación". todo lo que nos esperaba como pareja en el camino por delante. ¡Hubiera estado tan aterrorizado que hubiera corrido hacia otro lado! Pero si lo hubiera hecho, me habría perdido una de las bendiciones más gratas de mi vida. Del mismo modo, sí Sally y yo hubiésemos elegido terminar nuestro embarazo, nunca habríamos experimentado el mero placer que Collin trae a nuestras vidas y las vidas de quienes nos rodean. Él realmente ha hecho nuestras vidas más ricas de lo que podríamos haber imaginado.

La lección de Jesús es clara, simplemente no podemos condensar el problema de toda una vida en este momento. No se logra nada, y el impacto emocional, espiritual y físico que produce en nosotros es altamente perjudicial. Además, como he visto en los ejemplos de mi dulce esposa y nuestro hijo, Collin, mi calidad y experiencia de vida habrían disminuido enormemente si me hubiera rendido ante tanta preocupación.

Recuerde también que en este pasaje, Jesús nos está enseñando acerca de las prioridades, es decir, debemos valorar las cosas espirituales, específicamente el reino de Dios y su rectitud con Él, más que las cosas materiales o físicas. La clave para no preocuparse es abrazar este sistema de prioridad. Al hacerlo, nos damos cuenta (por fe) de lo que Jesús explica, nuestro Padre Celestial se preocupa por nosotros y Él conoce nuestras necesidades materiales y físicas.

Este es un tema repetido por el apóstol Pablo en su carta a los Filipenses: "Y mi Dios proveerá de todo lo que necesiten, de acuerdo conforme a las gloriosas riquezas que tiene en Cristo Jesús" (Filipenses 4:19). La palabra griega para "preocupación" usada para relatar el sermón de Jesús es *merimnao*, que es también una palabra usada por Pablo en la misma carta: "No se inquieten por nada, más bien, en toda ocasión, con oración y ruego, presenten sus peticiones a Dios y denle gracias" (Filipenses 4:6).

La verdad esencial es clara: ya que Dios se preocupa por nosotros y satisface nuestras necesidades, no debemos preocuparnos, sino que debemos mirarlo a Él para que nos provea. Y porque Dios nos acepta y nos escucha, lo hacemos con gratitud. Una mentalidad de agradecer "aceptar nuestra aceptación", reconocer con fe que Dios se preocupa por nosotros y satisfará nuestras necesidades, se convierte en la base desde la cual podemos deshacernos de nuestras preocupaciones / ansiedades, ya sea sobre cosas materiales, el futuro u otras. Cosas que no podemos controlar. Este antídoto por la preocupación fue expresado brevemente por el apóstol Pedro cuando escribió: "Pon toda tu ansiedad en él porque se preocupa por ti" (1 Pedro 5: 7).

Esta perspectiva y enfoque de la vida que nos ayuda a evitar la preocupación está obviamente basado en la fe. Eso no debería sorprender porque no puede haber interacción o relación con Dios sin fe (Hebreos 11: 6). Sin embargo, tendemos a "espiritualizar" la fe y a considerar el hecho de que cada visión del mundo ya sea teísta, agnóstica o atea, comienza con la fe, ya que cada uno requiere la aceptación de presuposiciones fundamentales que no pueden probarse de manera emprendedora y no son evidentes por sí mismas.

Jesús tenía mucho qué decir acerca de la fe, y algunos se sorprenden al saber que enseñó que la cantidad o el tamaño de nuestra fe no es lo importante (Lucas 17:5-6). También citó a un soldado pagano como un ejemplo de gran fe (Mateo 8: 5-10) y honró la fe de un hombre que simultáneamente expresó dudas reales (Marcos 9: 23-25). Y sus seguidores más cercanos, como

Pedro, por ejemplo, exhibieron una fe vacilante e inestable (Mateo 14:28-31). Pero esa es a menudo la naturaleza de la fe. Es posible que esté aterrorizado de volar, lleno de incertidumbres si la enorme máquina ensamblada, inspeccionada y operada por varias personas, de las cuales no sé nada, me llevará a salvo a mi destino de forma segura. Sin embargo, al abordar el avión, incluso a regañadientes, estoy ejerciendo mi fe en que así será. ¿Cuál es la cualidad esencial de la fe, entonces? Está actuando como si lo que yo afirmo creer es verdad. Y como Jesús recordó a sus seguidores, nuestras acciones revelan la autenticidad de nuestra fe más de lo que nuestras palabras lo harán.

Con respecto a las cosas por las que tendemos a preocuparnos, las necesidades materiales, el futuro y las cosas que no podemos controlar, debemos vivir como si realmente hubiera un Dios que existe y se preocupa por nosotros. Debemos dar el siguiente paso hoy, como si Dios realmente sostuviera nuestro futuro en sus manos amorosas y capaces y supliría nuestras necesidades, tal como lo prometio. Continuamos nuestras vidas como si Dios realmente estuviera presente con nosotros y nunca nos abandonará, y que pase lo que pase, incluso si morimos, no es el final y Dios seguirá estando con nosotros, si vivimos como si estas promesas fueran ciertas, aunque posiblemente experimentemos momentos de duda o incertidumbre, dando un paso vacilante a la vez, caminaremos por la fe y superaremos la preocupación. Es el siguiente paso, no los que se encuentran más adelante, el que conduce a una vida libre de preocupaciones.

Sin embargo, más allá de la esencia de lo que significa vivir por la fe, está la indiscutible calidad que dicha vida aporta a la experiencia de vida de una persona. Este punto me fue determinado mientras viajaba a Filipinas como estudiante de pasantía en el programa de Recursos Humanos y Necesidades Globales (HNGR por sus siglas en ingles) de Wheaton College. En un viaje particular de tres días en la isla sureña de Mindanao, salí solo en un taxi público, dándome cuenta de que tendría que pasar la noche en el camino, pero sin saber dónde ni con quién. Hay algo emocionante acerca de "ir sin saber" y contar y experimentar la amabilidad y generosidad de personas extrañas que me acogieron.

En otra ocasión, tuve que viajar muchas millas por un camino rural de una montaña que era notoriamente traicionera y estrecha, y descubrí que mi única opción de transporte era el peligrosa "Conejo Filipino", el autobús más ruinoso que jamás había visto, la suciedad en la carretera era literalmente visible a través de las tablas del suelo. Cuando el autobús lleno de gente que llegó por la parte final en la carretera, la puerta se abrió, y vi al conductor con su pañuelo en su cabeza y sus lentes en el espejo me sonreían, tuve que someter conscientemente mucha resistencia interna mientras abordaba el autobús con gran "miedo y temblor."

El viaje por esos estrechos caminos de la montaña a una velocidad vertiginosa fue incluso más angustioso de lo que había imaginado, pero no puedo recordar muchos casos en mi vida en los que me sentí más vivo. De una manera un tanto extravagante, estos eventos en mi pasado me recuerdan que vivir por fe realmente mejora mi experiencia de vida, la cual estoy convencido que es una parte de la vida plena que Jesús dijo que vino a traer (Juan 10:10).

La vida de un seguidor de Cristo implica intercambiar la energía inútil y destructiva de la preocupación del paso esperanzado hacia lo desconocido que es la fe. Jesús nos invita a confiar en él y dar ese paso, a dejar ir y dejar en Dios lo que no podamos hacer. El resultado en el término inmediato será reemplazar la inutilidad y la frustración con la esperanza y la euforia. Y si se puede confiar en Jesús, también experimentaremos paz, confiados en su promesa de que finalmente superará los problemas de este mundo (Juan 16:33), así como la vida con él que se extiende más allá de nuestro tiempo aquí.

Principio 7: En lugar de preocuparte por el futuro, las cosas materiales o lo que no puedes controlar, confía en que Dios te ama y te proveerá.

CAPÍTULO 9

Manteniendo tu Palabra

Me hiciste promesas, promesas que sabías que nunca cumplirías.

–Naked Eyes

A nadie le gusta un mentiroso, y pocos admitirían serlo. Sin embargo, todos nosotros estamos expuestos todos los días a la calamidad y la disfunción causada por las mentiras del mercado, instituciones de poder y nuestras oficinas, vecindarios y hogares. En la temporada de elecciones, nuestro periódico local publica una columna llamada "Verificación de hechos" en la que los anuncios televisivos de todos los candidatos en una carrera en particular se examinan con precisión. Nadie va ganando.

Por supuesto, cómo los candidatos políticos qué parece que es universal que todos nos nacionalizamos cuando nos tomamos la libertad con la verdad. Por lo general, lo re-etiquetamos, tal vez describiendo lo que estamos haciendo como solo "exagerando la verdad" o simplemente ocultando información que no es importante. Si nos sentimos acorralados, podríamos reconocer una "mentirita" o decir que solo estábamos "eludiendo", o incluso recurrir a la descripción histórica de decir una "pequeña mentira blanca". En algunos círculos, podríamos ser sofisticados y referirnos a una "narrativa con alternativa" o hablar de un objetivo de "negación creíble".

Tengo una amiga cuya madre tenía una condición deteriorada que la hacía extremadamente difícil vivir con ella durante muchos, muchos años. Sin embargo, su padre permaneció casado con ella a pesar de las circunstancias desafiantes y desagradables. Su padre no era particularmente religioso, y hacia el final mi amigo, un pastor, le preguntó: "¿Por qué has estado con ella tanto tiempo, papá?" Su respuesta: "Porque dije que lo haría". Mi amigo me dijo que tenía ganas de quitarse los zapatos porque sabía que estaba parado en tierra santa. De hecho, lo era.

Jesús dejó en claro que las personas que buscan vivir como él enseñó serán personas que cumplan su palabra. Se centró en la táctica común de las personas religiosas para hacer votos y hacer referencia a Dios o cosas espirituales para agregar validez a sus palabras:

> Pero yo les digo: No juren de ningún modo:
> ni por el cielo, porque es el trono de Dios;
> ni por la tierra, porque es el estrado de sus
> pies; ni por Jerusalén, porque es la ciudad
> del gran Rey. Tampoco jures por tu cabeza,
> porque no puedes hacer que ni un solo de
> tus cabellos se vuelva blanco o negro.
> Cuando ustedes digan "sí", que sea
> realmente sí; y cuando digan "no", que sea
> no. Cualquiera cosa de más proviene del
> maligno. (Mateo 5:34-37)

No importa cómo lo analices, nuestra intención cuando jugamos la carta de Dios es agregar credibilidad a lo que sea que estemos diciendo. En efecto, estamos diciendo que "realmente lo decimos en esta ocasión."

Sin embargo, el hecho es que invocar a Dios para dar fe de nuestra veracidad solo sirve para abaratar a Dios. Eso es porque si fuéramos verdaderamente personas de nuestra palabra, no necesitaríamos el respaldo egoísta. Y como no siempre hacemos lo que decimos, arrastrar a Dios a nuestras promesas rotas hacemos que él luzca mal. Jesús dijo que no hiciéramos eso.

Podríamos pensar que sus advertencias son un poco extrañas y no se aplican en los tiempos modernos. Sin embargo, esta técnica de invocar a Dios y al cielo es una parte tan importante de nuestra cultura así como lo fue para los oyentes de Cristo. Por ejemplo, ¿cuántas veces hemos escuchado o dicho con gran serenidad "Juro por Dios" o "Como Dios es mi testigo"? ¿Y en qué se diferencia el "juramento por el cielo"? Claramente no lo es. Incluso dejar a Dios fuera y recurrir a "jurar por la cabeza" puede parecer extraño a nuestros oídos hasta que consideramos intentos modernos y familiares para mejorar la credibilidad, como "te lo juro, sino muero", o "Juro por la tumba de mi madre" del mismo modo que no podemos cambiar realmente el color de uno de nuestros cabellos de blanco a negro, todas esas referencias no tienen sentido o son cosas que no podemos controlar. Jesús señala que estas son solo palabras sin significado, y si somos personas de nuestra palabra, no tendríamos necesidad de agregarlas.

En lugar de tales respaldos egoístas y sin sentido, Jesús nos enseña a hablar claramente y a cumplir nuestras palabras. Si queremos decir que sí, digámoslo, y si queremos decir que no, digámoslo también. El hecho es que un compromiso con este simple cambio por parte de cualquier persona será notado por otros en su vida. Para algunos de nosotros, puede llevar tiempo superar las mentiras del pasado, y puede haber algunas que nunca superemos por completo. Sin embargo, las personas con las que tiene un contacto continuo se darán cuenta rápidamente de que tu palabra puede ser de confianza si simplemente lo prácticas, lo que quiere decir y hacer lo que dices.

Tenga en cuenta que este principio va mas allá de simplemente decir la verdad. Jesús ciertamente enfatizó la verdad, afirmando que él era, de hecho, "la verdad" (Juan 14: 6). En un encuentro, deliberadamente le dio a algunas personas muy religiosas de su época una parte de su mente, enfatizando en quién era el "papá" de la mentira que no era bueno:

> Ustedes son de su padre, el diablo, cuyos deseos quieren cumplir. Desde el principio éste ha sido un asesino, y no se mantiene en la verdad, porque no hay verdad en él. Cuando miente, expresa su propia naturaleza, porque es un mentiroso. ¡Es el padre de la mentira! (Juan 8:44)

Además, Jesús a menudo inicio su enseñanza sobre un tema en particular diciendo: "Te digo la verdad". También prometió enviar a sus seguidores un ayudante después que él se fuera, el "Espíritu de verdad", quien los guiaría a toda verdad (Juan 16:13). Claramente, Jesús estaba muy preocupado por la verdad.

Al decirles a sus seguidores que su "sí sea sí" y su "no sea no", sin embargo, Jesús va más allá de decir la verdad a ser personas que quieren decir lo que dicen y con las que se puede contar para cumplir su palabra. En el contexto de los juramentos, las palabras son invariablemente sobre acciones, es decir, algo que harían o no harían. Si hacemos lo que decimos, entonces nuestra palabra se convierte en nuestro compromiso. Y si decimos algo, la gente debería poder contar con nosotros, es decir, lo que decimos y no otra cosa (como si tuviéramos los dedos cruzados o estuviéramos jugando algunos trucos de palabras). Cuándo nos comprometimos con nuestras palabras y promesas de esa manera, no necesitamos el engaño ni el énfasis. Por el contrario, sí lo que decimos es opuesto con lo que queremos decir, eso es falsedad. Y si nuestras palabras están en desacuerdo con lo que hacemos, esto es hipocresía. De cualquier manera, pronto seremos considerados justamente por otros como indignos de confianza. Pero cuando cumplimos lo que decimos y luego lo hacemos, incluso cuando ya no es ventajoso o cuesta más de lo esperado, va más allá de la honestidad (decir la verdad) y de la calidad de la integridad. Lo que decimos no es diferente de lo que queremos decir o hacer, es consistente de principio a fin.

Imagínese si todos o incluso la mayoría de nosotros que decimos ser cristianos fueramos personas de palabra, manteniendo nuestros votos matrimoniales, cumpliendo con nuestros negocios y cumpliendo nuestros compromisos financieros. Los incidentes dentro de la iglesia de infidelidad y divorcio, fraude financiero, abuso sexual y encubrimiento, estafas de negocios y similares prácticamente desaparecerían. Con solo este simple cambio, sería más para reflexionar positivamente sobre Jesucristo y hacer que otros se interesen en él y en su mensaje de lo que podrían hacerlo docenas de sermones.

Principio 8: Sé una persona de palabra.

CAPÍTULO 10

Sirviendo a Otros

Conoce tus derechos, son tus derechos

–The Clash

En la cultura occidental, y especialmente en Estados Unidos, somos muy conscientes de los derechos individuales. De hecho, la protección de los derechos individuales que fueron considerados por los Padres Fundadores de América como fundamentalmente dotados de Dios en todas las personas, y tan obvio como evidente, fue el principal catalizador para el sistema de gobierno constitucional que elaboraron para muchos de nosotros y disfrutamos hoy. Desde nuestros primeros días en la escuela se nos enseña a reconocer el sacrificio de muchos de nosotros que lucharon y posiblemente murieron protegiendo esos derechos, y el implacable ritmo de los derechos individuales continúa tres siglos más tarde, incluso cuando participamos en un animado debate sobre la amplitud y alcance de esos derechos, apreciamos nuestros derechos individuales, y por una buena razón.

Sin embargo, para los ciudadanos de un reino que trasciende cualquier límite nacional, compuesto por personas de cada tribu, nación y lengua, la perspectiva de los derechos individuales es muy diferente. Jesús dejó eso claro cuando, en el contexto de una sociedad con una ocupación opresiva extranjera (romana), les enseño a sus seguidores a no insistir en sus derechos, sino a practicar el respeto hacia los demás.

> Pero yo les digo: No resistan al que les haga mal. Si alguien te da una bofetada en la mejilla derecha, vuélvele también la otra. Si alguien te pone pleito para quitarle la capa, déjale también la camisa. Si alguien te obliga a llevarle la carga un kilómetro, llévasela dos. (Mateo 5:39-41)

De este pasaje familiar, reconocemos aún hoy la virtud de "poner la otra mejilla". Aunque usualmente pasamos por alto la ilustración de Jesús que involucra el litigio, sí hablamos de una persona que "va más allá" y generalmente lo hacemos como un cumplido en reconocimiento de que él o ella hace más de lo que se espera o se requiere en una circunstancia particular.

La ilustración de la milla extra de Jesús estaba específicamente en el contexto de una persona que sirve a otra. Mientras que la primera milla es un servicio "forzado", la segunda es voluntaria e inesperada, y Jesús llamó repetidamente a sus seguidores para que prestaran ese servicio a los demás. Les dijo claramente: "Quien quiera ser el primero debe ser el último y el servidor de todos" (Marcos 9:35), y los sorprendió la noche antes de su muerte lavándoles los pies, diciendo que debían seguir su ejemplo y hacer lo mismo los uno por los otros (Juan 13:14-15). Toda la vida de Jesús se centró en el servicio a los demás.

La iglesia primitiva reconoció la mentalidad fundamental del respeto para aplicar este principio de servicio:

> No hagan nada por egoísmo o vanidad; más bien, con humildad consideren a los demás como superiores a ustedes mismos. Cada uno debe velar no sólo por sus propios intereses sino también por los intereses de los demás. (Filipenses 2:3-4)

Para servir a los demás, no podemos exigir nuestros propios derechos porque el mero acto de servicio implica subordinar nuestros intereses a los de los demás.

Si consideramos nuevamente el llamado de Jesús a renunciar voluntariamente a nuestros propios derechos en el contexto de sus ilustraciones específicas, aprendemos más. Una objeción común a la ilustración de Jesús de poner la otra mejilla es "No voy a ser un limpia pies de nadie" o "Dios no me llama a ser un débil y no defenderme". Sin embargo, no podemos escapar al hecho de uno de los ejemplos dados por Jesús de una persona que no reclama sus derechos es cuando es golpeado físicamente en la cara por otra persona. Además, ese es exactamente el enfoque que Jesús tomó cuando fue golpeado y burlado mientras comparecía ante los gobernantes religiosos y políticos el día de su muerte (Mateo 26:67, 27:27-31). Y mientras que la imagen de Jesús siendo maltratado no nos deja muchas impresiones de ser débil, una de ellas, es su ejemplo de no resistir la violencia con más violencia ha sido seguido por muchas personas grandiosas y literalmente ha cambiado el mundo.

¿Es este entonces un llamado al pacifismo? Aunque algunos seguidores de Cristo finalmente llegan a esa conclusión, no creo que lo sea. Tenemos un ejemplo en la Biblia de Jesús corporalmente limpió el Templo (Marcos 11:15-17), y eso me muestra que hay algunas cosas por las que vale la pena luchar. Además, es difícil imaginar que el último ejemplo de amor dado por Jesús, sacrificando la vida por otro (Juan 15:13), nunca ocurriría en el contexto de conflicto físico y violencia.

Otro contexto que Jesús ilustró específicamente fue con el juicio, tanto en la referencia anterior donde dijo "dale tu abrigo también" y a quien te esta demandando por "tu camisa", como en los siguientes versículos del mismo sermón:

> Si tu adversario te va a denunciar, llega a un acuerdo con él lo más pronto posible. Hazlo mientras vayan de camino al juzgado, no sea que te entregue al juez, y el juez al guardia, y te echen en la cárcel. Te aseguro que no saldrás de allí hasta que pagues el último centavo. (Mateo 5:25-26)

Si bien la sabiduría práctica de la ilustración de Jesús puede estar algo perdida en nosotros hoy, ya que estamos alejados por mucho tiempo (al menos en USA) literalmente de esos días de una "prisión de deudores", el principio de no exigir los propios derechos por respeto a los demás sigue siendo una mentalidad subyacente que la iglesia primitiva comprendió que sigue siendo bastante aplicable:

> ¿Acaso no hay entre ustedes nadie lo bastante sabio como para juzgar un pleito entre creyentes? Al contrario, un hermano demanda a otro, ¡y esto ante los incrédulos! En realidad, ya es una grave falla el solo hecho de que haya pleitos entre ustedes. ¿No sería mejor soportar la injusticia? ¿No sería mejor dejar que los defrauden? Lejos de eso, son ustedes los que defraudan y

comenten injusticias, ¡y conste que se trata
de sus hermanos! (1 Corintios 6:5-8)

Teniendo en cuenta lo que hago para ganarme la vida como abogado procesalista, he tenido numerosas oportunidades para discutir esos pasajes con personas que afirman ser cristianos y contemplan demandar a otros que se identifican de la misma manera. Invariablemente, la persona que decide proceder con una demanda racionaliza su decisión al concluir en esencia que a pesar de la prohibición en las escrituras de un cristiano que demanda a otro, "no hay forma de que la otra persona sea un verdadero cristiano dado como me ha tratado."

Este proceso de pensamiento no comprende completamente lo que entendió la iglesia primitiva: que las demandas entre cristianos dan a las personas que están observando una razón para concluir que no hay un verdadero amor o unidad entre los seguidores de Jesús, que es exactamente lo contrario de lo que él quería para nosotros. Jesús dijo que es por nuestro amor mutuo que las personas sabrán que somos sus discípulos (Juan 13:35), y que es nuestra unidad, de cómo nos llevamos, que Dios la usará para demostrar al mundo que nos observa que Jesús fue enviado por Dios:

No ruego sólo por éstos. Ruego también por
los que han de creer en mí por el mensaje
de ellos, para que todos sean uno. Padre, así
como tú estás en mí y yo en ti, permite que
ellos también estén en nosotros, para que
el mundo crea que tú me has enviado. Yo
les he dado la gloria que me diste, para que
sean uno, así como nosotros somos uno: yo
en ellos y tú en mí. Permite que alcancen la

> perfección de la unidad, y así el mundo
> reconozca que tú me enviaste y que los has
> amado a ellos tal como me has amado a mí.
> (Juan 17:20-23)

De hecho, es mejor para nosotros sufrir un error, que corra el riesgo de desviar ese mensaje. Por supuesto, la racionalización para demandar de todos modos, ya que la otra persona no podría ser creyente, también puede pasar por alto que Jesús nos enseñó a postergar incluso cuando una persona "malvada" nos demandó, por lo que el análisis de estos pasajes no supera lo obvio.

Entonces, ¿hay un lugar para el litigio de los seguidores de Cristo? Si bien todos tenemos que decidir por nosotros mismos en cada contexto específico, creo que hay. He visto a personas entrar valientemente en ese proceso desagradable, lento y costoso para defender los derechos y la protección de los demás. Por ejemplo, conozco a hombres y mujeres que han demandado a empleadores que terminaron sus contratos por razones discriminatorias para evitar que le hagan eso a otra persona. Estoy consciente de inventores o artistas a los que se les ha robado su propiedad creativa e intelectual por parte de individuos o compañías que continuarán sus formas sin escrúpulos a menos que se detengan. He visto a padres gravemente heridos en accidentes automovilísticos recuperar los daños de dichos accidentes, la compañía de seguros del conductor culpable (que recibió una prima y emitió la cobertura por esa posibilidad) que ellos y sus hijos recibieron. Conozco a muchas personas que decidieron valientemente ejercer su derecho individual al demandar a las empresas que dé otra manera harían sin restricciones en su codicia y sin tener en cuenta la seguridad del consumidor.

¿Es nuestro sistema en América perfecto? Por supuesto que no, está poblado por personas imperfectas. ¿Es posiblemente vulnerable a estafas fraudulentas y otros abusos? Ciertamente, pero no conozco nada mejor que llame la atención de individuos y compañías que de otra manera harían el hábito de acosar a otros sin pensarlo dos veces. Ejercer los derechos individuales de uno por preocupación por los demás, me parece consistente con la enseñanza y el ejemplo de Jesús.

Un contexto legal relacionado, pero diferente, que puede hacer que cuestionemos el principio de Jesús de poner la otra mejilla es cuando soy víctima de un crimen. Sin embargo, en el sistema de derecho penal, la mayoría de los delitos graves también se consideran un delito para el estado. Como se señaló anteriormente, el estado no está llamado a seguir el camino de Jesús; sí individualmente. Las Escrituras enseñan que el estado es ordenado por Dios "para castigar a los que hacen lo malo y para recompensar a los que hacen lo correcto" (1 Pedro 2:14).

Pero los delitos graves a menudo implican la emisión de sentencias por parte de la víctima o su familia, y los delitos menos graves (tenga en cuenta que los ejemplos de Jesús de golpearlo en la mejilla se clasificarían como una "agresión con lesiones" hoy en día) a menudo implican una decisión de la víctima ya sea para presentar cargos. En tales casos en los que mi aporte puede ser determinante, es recordar que nosotros, como individuos, somos llamados por Jesús para perdonar a los demás (incluso a nuestros enemigos), en consideraciones similares con respecto a cómo mi decisión puede afectar a otras personas parece que también se aplican. Por ejemplo, ¿la acusación o la recomendación de una sentencia larga protegerían a otros de ser víctimas? ¿Será más probable que el perpetrador se "reforme" en la cárcel o prisión, o no? La consideración en oración de tales preguntas dirigirá nuestro enfoque a Dios y a los demás y nos ayudará a evitar que nos rindamos ante un deseo de venganza o que busquemos en nuestra carne.

¿Qué hay de los que somos seguidores de Cristo que demandan nuestros derechos como ciudadanos, si somos tan afortunados de vivir en un país que los ofrece? Al principio, debemos notar que la idea de exigir suele revelar algo sobre la actitud de nuestros corazones que parece contraria a todo lo que Jesús enseñó o mostró. De hecho, él no lo llevo a cabo ante Herodes y Pilato.

¿Vamos a ver eso como una prohibición general? El apóstol Pablo ciertamente no lo hizo cuando exigió una audiencia ante César, que era su derecho como ciudadano romano (Hechos 23-26). ¿Pero lo hizo Pablo para salvar su propio pellejo? No, en un golpe de brillantez ejerció su derecho como medio para cumplir su llamado a ser testigo de Dios en Roma:

> A la noche siguiente el Señor se apareció a
> Pablo, y le dijo: "¡Ánimo! Así como has dado
> testimonio de mí en Jerusalén, es necesario
> que lo des también en Roma." (Hechos 23:
> 11)

En otras palabras, sus acciones no fueron para él sino para servir a los demás. Este es el contexto clave para insistir en los derechos que puedo tener como ciudadano. Así también, en el ejercicio de mis derechos como demandante; es apropiado para mí preguntar, ¿estoy protegiendo a otros al hacerlo (mi familia, un grupo específico de personas, otros consumidores, etc.)?

Otro contexto en el que Jesús enseñó específicamente acerca de aplazar nuestros derechos individuales es cuándo estamos en posiciones de autoridad sobre los demás. Ejemplos de esto podrían ser si soy el jefe en el trabajo, un cliente en un restaurante o un pasajero de una aerolínea en un mostrador de boletos. Jesús dice que sus seguidores no deben usar sus posiciones como armas o "dominar" a otros; más bien, debemos servir a los demás:

> Así que Jesús los llamó y les dijo: Como ustedes saben, los que se consideran jefes de las naciones oprimen a los súbditos, y los altos oficiales abusan de su autoridad. Pero entre ustedes no debe ser así. Al contrario, el que quiera hacerse grande entre ustedes deberá ser su servidor, y el que quiera ser el primero deberá ser esclavo de todos. Porque ni aun el Hijo del hombre vino para que le sirvan, sino para servir y para dar su vida en rescate por muchos. (Marcos 10:42-45)

Creo que es un ejercicio de diagnóstico muy importante para cada uno de nosotros que nos preguntemos: ¿cómo trato a las personas de servicio como camareras, secretarias, meseros-as? ¿Los trato con dignidad, consideración y respeto? ¿O me aseguro de informarles quién está a cargo? ¿Digo, o incluso pienso, "sabes quién soy yo?" Podemos decir mucho sobre nosotros mismos y los demás cuando consideramos cómo ejercemos tener ventaja. Quien busca vivir como lo hizo Jesús, incluso en el contexto de posiciones de poder, muestra bondad y preocupación por las personas que están en posiciones subordinadas. No seremos irrespetuosos, incluso si tenemos el deber de insistir en que realicen su trabajo correctamente. Este no es un concepto misterioso: todos sabemos muy bien cómo se ve cuando un jefe o un cliente es excesivamente exigente, arrogante en sus alardes de jefe. Jesús nos llama a un lugar más alto.

Principio 9: En lugar de exigir tus propios derechos, sirve a los demás.

CAPÍTULO 11

Abordar el Conflicto

Lo podemos resolver

-The Beatles

A pocos de nosotros nos gustan los conflictos interpersonales, y algunos de nosotros lo evitamos a toda costa. El problema es que la vida es fundamentalmente sobre las relaciones, nos guste o no. Para ilustrar ese hecho básico, considere que cada uno de nosotros nace de padres que no elegimos. Incluso si deseáramos poderosamente, por alguna razón, que no fueran nuestros padres, eso no cambia el hecho de que lo sean.

Incluso mas allá de nuestros padres (o hermanos o hijos), la mayoría de nosotros tenemos poca o ninguna opinión sobre quiénes serán nuestros vecinos o compañeros de trabajo. Si pudiéramos controlar eso de alguna manera, todavía no podemos evitar relacionarnos con las personas que encontramos en la escuela de nuestros hijos, supermercados, nuestros equipos atléticos, clubes sociales, asociaciones u otras organizaciones. Simplemente no podemos escapar de las relaciones, y las relaciones son confusas y están constantemente preparadas para el conflicto. Eso es porque todos somos personas imperfectas con una inclinación hacia el interés propio. Y si bien puede ser nuestra preferencia y ciertamente parece más fácil, los seguidores de Cristo no deben ignorar, evitar o encubrir los conflictos que inevitablemente surgen en nuestras relaciones personales.

Al discutir los escenarios comunes de dicho conflicto interpersonal, Jesús muestra que no debemos usar la dificultad o el desagrado de involucrarse como una razón para ser pasivos o desconectarnos. Mas bien, estamos llamados a confrontar amorosamente y abordar el conflicto interpersonal. El primer escenario es cuando has ofendido a alguien que sabes que tiene algo en tu contra. Tenga en cuenta que esta es la otra cara de una situación en la que alguien lo ha perjudicado o tiene algo en tú contra. La receta de Jesús en tales circunstancias es, como ya lo hemos discutido, debemos *perdonar*. Sin embargo, cuando somos los que hacemos el mal, nuestra consideración de que, si perdonamos o no, no tiene sentido ya que no estamos en posición de perdonar. En cambio, Jesús nos enseñó lo siguiente:

> Por tanto, si estás presentando tu ofrenda en el altar, y allí recuerdas que tu hermano tiene algo contra ti, deja tu ofrenda allí delante del altar. Ve, primero y reconcíliate con tu hermano; luego vuelve y presenta tu ofrenda. Si tu adversario te va a denunciar, llega a un acuerdo con él lo más pronto posible. Hazlo mientras vayan de camino...
> (Mateo 5:23-25)

Hay varias características en el proceso de abordar el conflicto interpersonal. Primero, debemos tomar la iniciativa y dar el primer paso. No debo esperar a que la otra persona venga a mí, sino que debo *ir* a él o ella, lo que también implica hacerlo de manera *personal* y *privada*. Esto requiere un humilde reconocimiento de que he hecho mal, o al menos sé que la otra persona cree que sí (es probable que haya circunstancias en las que sea una percepción errónea de su parte). Cuando nos negamos a dar el primer paso, casi siempre se basa en el orgullo. ¿Con qué frecuencia las relaciones permanecen quebrantadas porque nadie está dispuesto a buscar al otro? Jesús dice que debemos hacer ese primer paso.

Otra característica es que debemos hacerlo *rápidamente.* Es decir, debemos mantener cuentas cortas con otras personas. Los seguidores de Cristo no deben demorarse y tratar de barrer las cosas debajo de la alfombra, esperando que el asunto desaparezca. Al abordar el asunto personalmente de manera rápida, hacemos nuestra parte para ver qué el conflicto no se cocine a fuego lento, se infecte o crezca, y posiblemente sea fuera de nuestra proporción. La sabiduría de abordar el conflicto interpersonal rápidamente es ilustrada por el apóstol Pablo en su carta a la iglesia en Efesios:

> Si se enojan no pequen. No permitan que el
> enojo les dure hasta la puesta del sol, ni den
> cabida al diablo. (Efesios 4: 26-27)

Al principio de mi matrimonio me aconsejaron que nunca debería irme a la cama enojado. Ciertamente, es un buen consejo para mí como esposo, así mismo he aprendido que es sabio y que me sirve como padre de mis hijos, en mis relaciones con amigos y vecinos, y en mi vida laboral y profesional. Los seguidores de Cristo deben comprometerse a actuar rápidamente para abordar los obstáculos y él quebrantamiento de nuestras relaciones.

Otra característica importante en la ilustración de Jesús del hombre que deja todo en el altar, eso es el reconocimiento de que el conflicto en nuestras relaciones con los demás afecta nuestra relación con Dios. ¡Es por eso que buscar la reconciliación es tan importante, incluso más importante que los actos de adoración en que el hombre estaba comprometido! ¿No serían nuestras relaciones más sanas y fuertes si hiciéramos una prioridad principal en buscar y perseguir la reconciliación si hemos hecho mal a alguien? Jesús le dijo a sus seguidores que esta prioridad debe comenzar con ellos, recordándonos nuevamente que él está más interesado en el amor y la unidad que se muestra en la iglesia que lleva su nombre que en cualquier acto religioso o de sacrificio de servicio a él. El apóstol Juan lo dijo de esta manera:

> Si alguien afirma: Yo amo a Dios, pero odia a su hermano, es un mentiroso; pues el que no ama a su hermano, quien ha visto, no puede amar a Dios, a quien no ha visto. Y él nos ha dado este mandamiento: el que ama a Dios, ame también a su hermano. (1 Juan 4: 20-21)

Pero ¿qué pasa cuando hemos ofendido a personas que no dicen ser seguidores de Cristo? El mismo principio es que nosotros rápidamente apliquemos es dar el primer paso hacia la reconciliación, aunque sea por diferentes razones, como lo demuestra Jesús en la interacción con el hombre y su adversario en su camino a la corte.

A veces, una situación puede ser demasiado grave y la otra persona aún no es receptiva a mi intento de reconciliación. Si bien eso es algo que no puedo controlar. No debo usarlo como una excusa para no hacer lo que puedo. Como el apóstol Pablo le recordó a la iglesia en Roma, "Si es posible, y en cuanto dependa de ustedes, vivan en paz con todos: (Romanos 12:18). La parte que depende de nosotros es ir rápidamente a la persona para tratar de hacer las paces. Debemos hacer nuestra parte, lo mejor que podamos, para reconciliarnos con aquellos que tienen algo en contra de nosotros. Si se niegan, al menos sabrán que valoramos la relación lo suficiente como para buscar la reconciliación. Y si somos rechazados en nuestro intento, deberíamos buscar otras oportunidades para volver a intentarlo, ya que puede ser que solo necesiten algo más de tiempo.

Un segundo escenario en la enseñanza de Jesús sobre cómo abordar el conflicto interpersonal es cuando vemos a otros seguidores de Cristo cometiendo pecado.

> Si tu hermano peca contra ti, ve a solas con él y hazle ver su falta. Si te hace caso has ganado. Pero, si no, lleva contigo a uno o dos más, para que "todo asunto se resuelva mediante el testimonio de dos o tres testigos". Si se niega a hacerles caso a ellos, díselo a la iglesia no le hace caso, trátalo como si fuera un incrédulo o un renegado. (Mateo 18:15-17)

Tenga en cuenta que algunos manuscritos dicen "pecados en tu contra". Esto probablemente sea correcto, pero ciertamente hay situaciones en las que podemos ver a un hermano o hermana cometer un error aparente contra otro sin el conocimiento del otro. En tales situaciones, otras escrituras dejan claro que no hacer nada no es una opción (Santiago 5:19-20; 1 Corintios 5:1-12). Por ejemplo, ¿qué pasaría si vieras a una hermana robando a tu amiga? O que sí usted y su esposa son amigos de una pareja de la iglesia, y mientras viaja por negocios, ¿ve al hombre compartiendo un momento amoroso con otra mujer? ¿Deberías realmente hacer algo o no decir nada?

Si bien no es agradable involucrarse, hacerlo no debería ofender a nuestros sentimientos, y Jesús deja claro que debemos hacerlo. Y siempre recuerda el objetivo de nuestra participación como dice Jesús que es para su gloria. No es para avergonzar o humillar a la otra persona. En pocas palabras; superamos nuestra indecisión y hacemos lo que Jesús pensó sobre este tema, estaremos tratando de traer discretamente a una hermana o hermano de un camino que los llevará a la ruptura, el dolor y la angustia para ellos y para otros. Tales acciones, tomadas con humildad, son para el mejor interés del hermano o hermana que está en pecado, y esa es la definición del amor, que Jesús dijo que es la marca de sus seguidores (Juan 13:35).

En cuanto al proceso para enfrentar tales situaciones, tenga en cuenta nuevamente que comienza cuando usted hace el primer movimiento y se dirige personalmente a la persona en privado. Esto respeta su dignidad y ahorran una vergüenza innecesaria. También le da la oportunidad a él o ella de explicar sus acciones. Tal vez hay una percepción errónea de nuestra parte que se aclara fácilmente. En tal caso, a pesar de que puede haber un poco de vergüenza u ofensa inicial, el hermano o la hermana probablemente se darán cuenta de que te importó lo suficiente como para enfrentarlos (personalmente y en privado). Si no hubo un error y el hermano-a creyente admite y se retracta de su error, es el final de tu papel. Usted ha abordado el tema con amor.

Sí, por otro lado, admiten el error, pero se niegan a arrepentirse o no asumen la situación, usted debe involucrar a una o dos personas más que lo acompañarán e intentarán nuevamente. Si él o ella aún se niega a arrepentirse, usted y los testigos deben comunicárselo a la iglesia. Como asunto práctico, si usted o los otros testigos no son líderes de la iglesia, debe informar a los líderes apropiados y dejar que ellos decidan cómo lo comunicarán. Aun ni siquiera con decirle a la iglesia sirve para que el hermano o hermana cambien por su equivocación; Jesús dijo que usted debe tratarlos como un "recaudador de impuestos" o no creyente.

El último paso del proceso es plantear la pregunta: ¿cómo llama la iglesia para tratar a los no creyentes? De acuerdo con lo que Jesús enseñó y demostró, deben ser tratados por los seguidores de Cristo con amor, gracia, dignidad y respeto. Tampoco se pudo haber perdido aquel oyente de Jesús del círculo más cercano de los discípulos, Mateo, era un recaudador de impuestos (Mateo 10: 3), y Jesús menciono un significante punto, para el disgusto de sus críticos religiosos, para visitar e incluso comer con los recaudadores de impuestos (Lucas 19: 1-9). Por lo tanto, creo que el último paso del proceso que Jesús describió no es una receta para eludir, cómo se practica en algunas iglesias.

Por otro lado, debería ser obvio que la manera en que una persona que es miembro de una iglesia puede participar y tener comunión con su familia de la iglesia, que es diferente es más familiar e íntima, que alguien que no lo es. Al igual que con cualquier familia, empresa o grupo social, el tipo de cosas que hace y compartes entre sí, es diferente a las que haces con alguien fuera del grupo. No tiene sentido que una iglesia continúe funcionando como de costumbre cuando, por ejemplo, un miembro o líder se encuentra en una relación abierta de adulterio y su esposa, también es miembro, y se sienta en la congregación con el corazón quebrantado. Esto afecta negativamente a todo el cuerpo de la iglesia y empaña el nombre de Cristo, que esta iglesia lleva. Es apropiado y sabio tratar a una persona que profesa ser un seguidor de Cristo, pero se niega a cambiar su pecado a pesar de que ha sido confrontada o confrontado con amor y discreción en varias ocasiones, como si ya no fuera parte de la iglesia.

No es diferente a una situación en la que un padre con el corazón quebrantado le dice a un hijo, que lucha contra el abuso de drogas, quien se ha negado a los constantes esfuerzos de intervención, que no puede vivir en casa y alterar al resto de la familia si no está dispuesto a recibir tratamiento. La esperanza más ferviente es que el hijo pródigo vuelva a sus sentidos, reciba la ayuda que necesita y regrese a quienes lo aman, incluso si necesita un amor más arduo para captar su atención. Así también, con un miembro de una familia de la iglesia que se niega, a pesar de los repetidos ruegos que gire de aquel camino, que es amplio y pecaminoso. El objetivo del proceso que Jesús prescribe es que la persona abandone su comportamiento destructivo y sean restaurados en el cuerpo de la iglesia.

No podemos ser tan literales con respecto a la enseñanza de Jesús sobre cómo abordar el conflicto interpersonal para concluir que solo se aplica a los dos escenarios comunes que se discutieron anteriormente. Mas bien, los ejemplos que nos da, de personas que toman la iniciativa para enfrentar los asuntos de manera rápida, personal y privada con otros, proporcionan una guía práctica para enfrentar cualquier conflicto interpersonal. El punto es claro: las relaciones personales son una parte fundamental de la vida, y dado que todos somos personas imperfectas, inevitablemente surgirán conflictos interpersonales. Los seguidores de Cristo no deben ignorar, evitar o encubrir tales conflictos, sino que deben abordarlo con amor según lo prescrito por Jesús. Este es el arduo trabajo de la reconciliación y la restauración, y aunque la tarea pueda ser desagradable o difícil, nuestro mandato de amar nos obliga a hacer lo que podamos.

Principio 10: Confronta amorosamente y enfrenta el conflicto de la relación.

CAPÍTULO 12

Evitando la Avaricia

Pero vas a tener que servir a alguien

–Bob Dylan

Por un breve tiempo, hubo un establecimiento cerca de mi casa llamado "Die Rich Club". Al parecer, no logró alcanzar la meta del propietario y el negocio fue cerrado. Nunca fui a conocerlo, pero como siempre me llamó la atención el nombre. Me recordó los stickers de parachoques que aún de vez en cuando se ven: "El que muere con más juguetes gana." En un mundo con una inmensa economía desigual, donde el 80 por ciento de la población mundial vive con menos de diez dólares estadounidenses por día, y más de 1.3 billones de personas se hunden en la pobreza extrema (menos de $ 1.25 USD por día), deberíamos ser más cuidadosos que proclamar la membresía en un club así o exhibir un sticker en el parachoques como mencione anteriormente.

En Estados Unidos, donde el sistema económico se basa en personas que consumen y adquieren, hemos visto recientemente que una disminución en la producción y el consumo de bienes puede tener consecuencias nefastas y transcendental. Este resultado lógico ha sido comprendido por varios observadores de nuestra sociedad, incluido el Dr. Tony Campolo hace casi dos décadas, mientras contemplaba comprar "el regalo perfecto" para alguien en Navidad:

> Hay algo muy importante que los estadounidenses tenemos que hacer, ¡Comprar! Tenemos que comprar las cosas que nuestro sistema produce. Y tenemos que seguir comprando. Las explosiones de bienes de consumo que fluyen de nuestras fábricas anualmente deben venderse en forma rápida y frenética. Si no lo está, las fábricas se cerrarán, los trabajadores quedarán desempleados y todo se detendrá ... Si las personas como usted y yo, a quienes ya se les han satisfecho sus necesidades, vamos a mantener a Estados Unidos en marcha, tendremos que comprar lo que no necesitamos en cantidades cada vez mayores. Por absurdo que pueda parecer todo esto, la supervivencia o nuestra forma de vida depende de esto. (Campolo 1994, 35-36)

No es sorprendente entonces que miles de millones de dólares son gastados por productores de marketing en publicidad para convencernos como consumidores, para comprar lo que no necesitamos.

Dado a que estas realidades, sería fácil que el materialismo se infiltrara en nuestras vidas, necesitamos estar alertas y ser intencional, si queremos resistir. Mientras que lo innegable y natural para todos nosotros como consumidores hasta cierto punto, Jesús nos recuerda que Dios nos ha creado para ser algo más, es decir, hay más dicha, bienaventurado en dar que en recibir (Hechos 20:35). Sin embargo, ¿cómo evitamos ceder al dominio absoluto del materialismo, con la obsesión por el consumo y la acumulación de "cosas"? Aún si no somos tan groseros como para hacer el juego de adquirir cosas o riquezas y presumir de ello con un sticker en el parachoques, cualquier auto examen honesto debe profundizar en cómo nosotros actualmente vivimos nuestras vidas.

En cuanto a la acumulación de posesiones materiales, Jesús dice,

> ¡Tengan cuidado! advirtió a la gente. Absténganse de toda avaricia; la vida de una persona no depende de la abundancia de sus bienes. Entonces les contó esta parábola: El terreno de un hombre rico le produjo una buena cosecha. Así que se puso a pensar: "¿Qué voy a hacer? No tengo dónde almacenar mi cosecha". Por fin dijo: "Ya sé lo que voy a hacer: derribaré mis graneros y construiré otros más grandes, donde pueda almacenar todo mi grano y mis bienes. Y diré: Alma mía, ya tienes bastantes cosas buenas guardadas para muchos años. Descansa, come, bebe y goza de la vida. Pero Dios le dijo: "¡Necio! Esta misma noche te van a reclamar la vida. ¿Y quién se quedará con lo que has acumulado?" Así le sucede al que acumula riquezas para sí mismo, en vez de ser rico delante de Dios. (Lucas 12:15-21)

Este pasaje generalmente se refiere a la parábola del "joven rico" y algunas preguntas importantes, ¿Porque Dios en esta historia se refiere al suceso obvio de un empresario con dureza? ¿Qué lo hace ser tonto?

Por un lado, en lugar de usar el producto con vencimiento que ha adquirido o incluso trabajando para producir, está dedicando sus pensamientos y energía a almacenarlo para sí mismo, aparentemente ignorando el hecho de que su vida podría terminar en cualquier momento y su oportunidad de usarlo cesará. El punto de Jesús es claro: es una locura dedicar nuestras vidas a acumular dinero o cosas materiales para nosotros porque nada de eso se puede ser llevado con nosotros. ¡Todo se queda! Por lo tanto, el que busca poner en práctica las palabras de Jesús no debe ser codicioso, viviendo la vida como aquel que muere por tener mas juguetes ganará. Dicho de otra manera, los seguidores de Cristo no pueden dedicar legítimamente su vida a ser miembro del "club de los ricos".

Además de señalar la locura de vivir nuestras vidas para acumular algo que no podemos llevarnos, Jesús advierte que la riqueza material oscurece el reconocimiento de nuestra necesidad fundamental de Dios. Este poder es tan sutil que tal vez ni siquiera nos demos cuenta de cuan controlados nos tiene.

> Cierto dirigente le preguntó: Maestro bueno, ¿qué tengo que hacer para heredar la vida eterna? ¿Por qué me llamas bueno? respondió Jesús. Nadie es bueno sino solo Dios. Ya sabes los mandamientos: "No cometas adulterio, no mates, no robes, no presentes falso testimonio, honra a tu padre y a tu madre". Todo eso lo he cumplido desde que era joven, dijo el hombre. Al oír esto, Jesús añadió: Todavía te falta una cosa: vende todo lo que tienes y repártelo entre los pobres, y tendrás

tesoro en el cielo. Luego ven y sígueme. Cuando el hombre oyó esto, se entristeció mucho, pues era muy rico. Al verlo tan afligido, Jesús comentó: ¡Qué difícil es para los ricos entrar en el reino de Dios! En realidad, le resulta más fácil a un camello pasar por el ojo de una aguja que a un rico entrar en el reino de Dios. (Lucas 18:18-25)

Para que no pensemos que esta enseñanza está dirigida simplemente al rico gobernante de la historia o a otras personas ricas, considere la reacción incrédula de sus oyentes: "¿Quién puede ser salvo?" (Lucas 18:26), y la objeción de Pedro "tenemos que dejar todo lo que tenemos para seguirte" (Lucas 18:28), que probablemente se originó en su concepto común del Antiguo Testamento de que una persona rica, en diferencia con una que era pobre, tenía más dinero del necesario para adquirir alimentos para el día y más ropa que la que llevaba puesta. Es por eso que hay advertencias directas contra retener la capa de una persona pobre durante la noche, como garantía de préstamo o que de retener los salarios de los trabajadores pobres, al final del día:

Devuélveselo antes de la puesta del sol, para que se cubra con él durante la noche ... Le pagarás su jornal cada día, antes de la puesta de sol, porque es pobre y cuenta solo con ese dinero. (Deuteronomio 24:13-15)

En cualquier caso, los oyentes y discípulos de Jesús entendieron claramente que todos estaban incluidos en su advertencia a los ricos.

Entonces, ¿por qué motivos les diría Jesús a ellos (y a todos nosotros) que es difícil para los ricos entrar en el reino de Dios? Porque, como dijo al comienzo de su sermón en el monte, el reino pertenece a aquellos que son "pobres de espíritu" (Mateo 5:3) es decir, aquellos que reconocen su necesidad de Dios (que es Espíritu) y su propia necesidad espiritual. La riqueza material puede cegarnos fácilmente a esa realidad.

Piénselo: cuando los tiempos se acaban y mis recursos son escasos, no estamos seguros cómo será el pago de los gastos médicos o la mensualidad escolar, me encuentro conscientemente dependiendo en Dios. Cuando tengo dinero, sin embargo, en mis días que necesito más dinero de mis ahorros, tiendo a pensar que puedo manejar cualquier circunstancia que la vida me arroje. Inherente a tener riquezas es una poderosa tentación de depender de ellas en lugar de Dios. Es por eso que en el Nuevo Testamento la codicia se iguala a la idolatría (Colosenses 3:5). Como dijo Jesús:

> Nadie puede servir a dos señores, pues menospreciará a uno y amará al otro, o querrá mucho a uno y despreciará al otro. No se puede servir a la vez a Dios y a las riquezas. (Mateo 6:24)

Algo inevitablemente nos sucede cuando intentamos servir a dos maestros. Cuando permitimos que las riquezas, o cualquier cosa o cualquier otra persona, ocupen ese lugar en nuestras vidas que solo nuestro Creador debería ocupar, cambiamos. Me refiero a ese lugar en el núcleo de nuestro ser, del cual tomamos decisiones sobre cómo dedicar nuestro tiempo, energía o recursos literalmente, cómo cada uno de nosotros vivirá nuestras propias vidas. Si este trono virtual de mi vida no se rinde a Dios, entonces será ocupado por algo o alguien más (incluso posiblemente yo mismo). Esto es lo que es la idolatría: permitir que lo que no es Dios ocupe el lugar en mi vida que solo Dios debería ocupar. No hay una advertencia más fundamental y repetida en todas las escrituras que huir de tales "ídolos" o dioses creados (Éxodo 20: 3; 1 Juan 5:21).

Los ídolos nos cargan con definiciones falsas del éxito y el fracaso (Keller 2008). Por lo tanto, cuando la idolatría se mueve con lentitud, nuestra definición de lo que significa ser exitoso o un fracasado en la vida ciertamente cambiara. Si el dinero es mi dios, por ejemplo, sí tengo éxito y consigo el nivel que yo quiero, también son un fracaso si no lo hago. Tengo un amigo que dejó muy claro, al graduarse de la universidad, que estaba comprometido a hacerse fabulosamente rico, un multimillonario. El éxito para él, según su propia definición, era, por lo tanto, bastante simple de determinar. Si él pudiera alcanzar las riquezas a las que dedicaría su vida, entonces tendría un éxito, y si no pudiera, sería un fracaso. No lo hizo, y aprendió en el camino que el dinero, como cualquier dios falso, es frío e implacable.

También debemos entender que sí he hecho la adquisición de la riqueza el dios de mi vida, como en nuestro ejemplo, no es poca cosa cuando no la consigo. No solo no he logrado alcanzar una meta, sino que he fallado en la búsqueda de aquello que define el propósito y el significado de mi vida. Mi fracaso se basa en el fundamento sobre el que he construido mi vida, y una vez que eso desaparece, como observó Jesús, las tormentas inevitables de la vida me harán caer "con un gran impacto" (Mateo 7:27).

Pero el cambio en mí ha causado una búsqueda, un dios falso como el dinero y va más allá de mi definición de éxito. También cambia los valores que tengo. Comenzaré a valorar hacer esas cosas o asociarme con aquellas personas que me ayudarán a acumular dinero. Con el tiempo, las escalas pueden inclinarse tanto en esa dirección que mi esposa y mis hijos podrían decir con precisión: "Ya nunca más estarás en casa." ¡Pero incluso puedo decirles a ellos, a mí mismo y a otros, con ironía, que estoy haciendo esto por mi familia!

Cambiando mis valores, encuentro que las leyes por las cuales vivo mi vida también cambiarán. Mientras que antes de dedicar mi vida a la búsqueda de dinero, podría haber sido escrupuloso al completar con precisión las hojas de asistencia o los informes de gastos, ahora puedo comenzar a manipular más y ser menos atento o preciso. Y, si estoy frustrado por el ritmo del que puedo acumular el dinero que anhelo o por mis posibilidades de obtenerlo hipotéticamente puedo, comenzar a "pedir prestado" al fondo fideicomiso de un cliente o engañar mis impuestos. Incluso puedo convencerme a mí mismo que, está bien estafar, robar, desfalcar, mentir, engañar o incluso asesinar, porque hacerlo parece ser el mejor camino en el momento para adquirir dinero. Antes de darme cuenta, he cambiado como persona. Mis aspectos están alterados, pienso y siento diferente que antes. También he ido más lejos de lo que nunca pensé que iría, a menudo con resultados desastrosos.

Algunos de nosotros podemos reconocer estas historias familiares u otras similares. Pero ya sea que representen verdades sobre nuestros propios trayectos, no se puede negar que son escenarios realistas.

Podemos leer sobre ellos en nuestras fuentes de noticias todos los días.

El hecho es que los dioses de nuestra idolatría, ya sea dinero o cualquier otro, serán expuestos inevitablemente como falsos e indignos de nuestra confianza. Con respecto a la riqueza, puede tomar una recesión o la caída del mercado, o la experiencia de ser estafado por un administrador de dinero de confianza, es para recordarnos. Incluso si consigo todo el dinero que deseo, puedo darme cuenta de que todavía no estoy satisfecho. La historia está llena de historias reales de personas fabulosamente ricas que murieron infelices, sumidas en la disfunción y la tragedia, a pesar de haber logrado con éxito aquello a lo que dedicaban sus vidas. Las riquezas, como cualquier dios falso, finalmente nos decepcionarán. Como San Agustín confesó después de experimentar una vida rica a temprana edad, "Nos has hecho para ti, Señor y nuestros corazones están inquietos hasta que encontremos nuestro descanso en ti" (Agustín, Confesiones I, 1). Un seguidor de Cristo reconoce que debemos confiar en Dios, no en el dinero.

En lugar de acumular dinero o cosas, debemos entender qué cualquier cosa que tengamos es una bendición de Dios para que la usemos, mientras la tengamos, para sus propósitos. Eso es lo que significa ser "rico para con Dios", lo que nos recuerda lo que Jesús seguramente sabía, la proclamación del salmista de que todo pertenece a Dios de todos modos: "La tierra es del Señor, y todo cuanto hay en ella, el mundo y cuantos lo habitan;" (Salmo 24: 1). Las personas que buscan vivir la vida a la manera de Jesús no acumularán riquezas, sino que las utilizarán como un recurso en nuestro trabajo por el reino de los Dios. En otra parte, Jesús describió esto como una inversión con dividendos más allá de este mundo:

> No acumulen para sí tesoros en la tierra, donde la polilla y el óxido destruyen, y donde los ladrones se meten a robar. Más bien, acumulen para sí tesoros en el cielo, donde ni la polilla ni el óxido carcomen, ni los ladrones se meten a robar, Porque donde esté tu tesoro, allí estará también tu corazón. (Mateo 6:19-21)

El misionero martirizado, Jim Elliot, una vez escribió en su diario que "él no es un tonto que da lo que no puede mantener, para obtener lo que no puede perder" (Jim Elliot 1949, 174). De hecho, el dinero puede ser un recurso poderoso en nuestro llamado a traer el cielo a la tierra y la tierra al cielo (Mateo 6:10).

Enfóquese por un momento en la afirmación de Jesús, "donde esté su tesoro, también estará tu corazón". Eso parece contradictorio porque pensaríamos qué pondremos nuestro dinero en las cosas que amamos. Pero Jesús tiene razón sobre nuestro carácter, donde está nuestro dinero, allí dedicaremos nuestro amor y atención. Si dudas, haz una apuesta en un juego la próxima semana y elige un equipo, de otro modo no te importe. O compre un boleto de apuesta de caballos, el próximo mes de mayo y elija un caballo del que nunca haya oído hablar. De repente te interesarás intensamente en el juego o la carrera, y gritarás a la TV que tu nuevo equipo o tu caballo ganen. Experimentarás una auténtica euforia si lo ganas, o el dolor de la derrota por que no lograron ganar. Eso es porque tu corazón sigue tu tesoro. Esta verdad también significa que cuando invertimos nuestro dinero para los propósitos de Dios, nuestro amor y nuestra atención se centrarán allí. Por esa razón, tales inversiones son sabias y nos ayudarán a evitar que el dinero se convierta en nuestro dios.

Los seguidores de Cristo deben tomar medidas deliberadas para asegurarse de que el dinero no se convierta en su dios. Tales pasos enseñados por Jesús incluyen no acumular dinero o las cosas que pueden comprar, no depender de nuestras riquezas en lugar de Dios, y reconocer nuestros recursos financieros como una bendición de Dios para ser usada en nuestro trabajo por su reino.

Principio 11: No seas codicioso acumulando dinero o cosas.

CAPÍTULO 13

Siendo Generoso

Una vida, pero no somos lo mismo.
Nos llevamos unos a otros, nos llevamos unos a otros.

–U2

Si vives cerca de una gran ciudad, es probable que tengas la experiencia de una persona de aspecto descuidado que se acerca a ti en la calle y te pide dinero. Donde vivo, hay un área del centro muy pequeña llamada Plaza Hemming que se encuentra justo afuera de la puerta principal de dos salas principales de la Corte de Justicia, la Municipalidad y el Tribunal Federal. Para disgusto de las autoridades locales y las negocios cercanas, las personas sin hogar tienden a congregarse allí, y sería inusual pasar por ahí o pasar momentos por Plaza Hemming sin una persona, obviamente con mala suerte, pidiendo dinero. Ha habido una protesta por parte de los comerciantes locales y las organizaciones de desarrollo del centro de la ciudad para hacer algo por la situación, y se dieron algunas noticias inusuales, como el momento en que la policía local multó a un grupo de la iglesia por alimentar a las personas sin hogar.

Incluso fuera de las áreas céntricas de una ciudad, he tenido las experiencias recurrentes de ser contactado en el estacionamiento de una tienda por varias personas que parecen necesitar un "pasaje de autobús para mí y mi novia (que no la vi) que está embarazada, para regresar a casa (fuera de la ciudad) donde podemos llevarla al médico, o alguna variación de esa historia triste. Confieso que he tenido varias respuestas a la situación a lo largo de los años, algunas veces dando y otras no, otras caminando rápidamente para alejarme, y otras veces tomando un momento para hablar. El único elemento constante en todas estas experiencias, sin embargo, es que las siguientes palabras de Jesús resuenan en mi cabeza:

> Al que te pida, dale; y al que quiera tomar
> de ti prestado, no le devuelvas la espalda.
> (Mateo 5:42)

Créeme, conozco todas las explicaciones de por qué no deberíamos darle al mendigo en la calle y en ocasiones, hemos usado todas. Además del miedo a ser estafado, el más común que escucho en los círculos de la iglesia es que "solo lo usarán para comprar drogas o alcohol". Tal vez lo hagan, pero eso es entre ellos y Dios, ¿no es así? ¿Cómo me saca del enigma causado por la simple declaración de Jesús cuando pregunto? Aunque reconozco que las tragedias, los fracasos y la adicción a menudo son el resultado del abuso de sustancias, cada uno de nosotros debe decidir en última instancia por uno mismos cómo enfrentamos esta situación que es común.

Personalmente, he llegado al punto de que casi siempre daré algo si puedo, generalmente dinero, pero a veces otros recursos como mi tiempo, habilidades y esfuerzo. Decidí que preferiría equivocarme por hacer lo que Jesús dijo y arriesgarme a no hacerlo, especialmente cuando leo la Biblia y veo un pasaje como este que parece menos crítico con el uso y abuso de sustancias por parte de los pobres y necesitados que frecuentemente lo son:

> Dales licor a los que están por morir, y vino a los amargados; ¡qué beban y se olviden de su pobreza! ¡qué no vuelvan a acordarse de sus penas! ¡Levanta la voz por los que no tienen voz! ¡Defiende los derechos de los desposeídos! ¡Levanta la voz, y hazles justicia! ¡Defiende a los pobres y necesitados! (Proverbios 31:6-9)

¡Esos no son versos que ves enmarcados y colgados en muchas paredes de la iglesia! Por otra parte, la muestra de la declaración de Jesús para dar cuando se le pregunta parece no estar calificada, y si él es quien dice ser, parece eminentemente calificado para hacerlo.

Jesús también tiene mucho que decir sobre a quién deberíamos dar. Dijo que era muy, muy importante, un tipo de vida y de muerte, que sus seguidores hagan todo lo posible para satisfacer las necesidades de los pobres, los vulnerables, a los privados de sus derechos, los marginados, a quienes llamaban "estos mis hermanos y hermanas más pequeños"(Mateo 25:40). De alguna manera no entendemos completamente, Jesús considera nuestro trato con los que tienen hambre, los sedientos, los desnudos, los enfermos, los extranjeros y prisioneros como que nuestro trato fuera con él. Dijo lo mismo sobre los niños:

> Luego tomó a un niño y lo puso en medio de ellos. Abrazándolo, les dijo: El que recibe en mi nombre a uno de estos niños me recibe a mí; y el que me recibe a mí no me

recibe a mí, sino al que me envío. (Marcos
9:36-37)

Si tomamos en serio las palabras de Jesús, sería
muy difícil mirar a los pobres, necesitados o vulnerables
entre nosotros con la misma indiferencia que nosotros
pudimos haber tenido antes. Los seguidores de Cristo
ciertamente no deben pasar por alto a aquellos que
están a nuestro alcance. Para hacerlo, escribió el apóstol
Juan, revela más sobre nuestro carácter de lo que nos
gustaría admitir:

> Si alguien que posee bienes materiales ve
> que su hermano está pasando necesidad, y
> no tiene compasión de él, ¿cómo se puede
> decir que el amor de Dios habita en él?
> Queridos hijos, no amemos de palabra ni de
> labios para afuera, sino con hechos y de
> verdad. (1 Juan 3:17-18)

En los casos en los que he conversado con los muy
pobres en mi camino, especialmente entre las personas
sin hogar (aquellos que no están en medio de una
enfermedad mental), he encontrado que esas
conversaciones han sido agradables y genuinamente
apreciadas por ambos de nosotros. Es difícil para mí
imaginar lo que es para ellos ser tratados
constantemente con desprecio, burla y abuso, pero es
inconfundible lo significativa que una conversación real
y humana que contenga algunas palabras amables y
alentadoras, y está claro que esto puede ayudar para
llenar "el tanque emocional" que puede estar vacío.

Sin embargo, soy yo quien parece ser el más
afectado y cambiado por tales interacciones, y tal vez
eso sea parte de lo que Jesús nos está enseñando.

Quizás una razón por la que Jesús dijo que siempre tendremos a los pobres con nosotros (Mateo 26:11) es porque, además de su valor intrínseco como personas creadas por Dios, necesitamos que ellos nos enseñen acerca de nosotros mismos y que proporcionen un "campo de batallas" por la autenticidad de nuestra profesada fe y amor a Dios.

El tipo de generosidad que Jesús requiere de sus seguidores es menos de cuanto podríamos tener y más acerca de hacer lo que podamos con todo lo que podamos tener. Esto se ilustra en la historia de Jesús sobre el hombre que se fue de viaje y dejó a sus tres empleados con diferentes cantidades de dinero (Mateo 25:14-30). Fue solo un empleado que no hizo nada con su bolsa de oro que captó la molesta desaprobación del señor, cuando regresó. En cuanto a los otros dos, los cuales usaron sus diferentes cantidades para los propósitos de su empleador, el hombre dijo: "¡Bien hecho, siervo bueno y fiel! (Mateo 25: 21, 23) La misma afirmación y alabanza se da a ambos empleados, ya sea que tengan cinco o diez bolsas de oro.

A veces actuamos como si empezáramos a dar, o diezmar, cuando obtengamos suficiente dinero. Sin embargo, la cantidad que tenemos no es lo importante; Ha sido fiel con lo que tenemos. Eso significa que todos nosotros seamos ricos, pobres o de clase media, somos responsables de usar cualquier recurso que tengamos en el avance del Reino de Dios. Nadie es inmune al llamado de Jesús para dar.

Jesús también enseño que dar sacrificadamente cuenta más ante sus ojos que dar de nuestra abundancia, incluso si la cantidad dada es menos en comparación.

> Jesús se sentó frente al lugar donde se depositaban las ofrendas, y estuvo observando cómo la gente echaba sus monedas en las alcancías del templo. Muchos ricos echaban grandes cantidades. Pero una viuda pobre llegó y echó dos monedas de muy poco valor. Jesús llamó a sus discípulos y les dijo: Les aseguro que esta viuda pobre ha echado en el tesoro más que todos los demás. Estos dieron de lo que les sobraba; pero ella, de su pobreza, echó todo lo que tenía, todo su sustento. (Marcos 12:41-44)

A veces podemos sentir que hemos dado nuestro último centavo. Para algunos de nosotros, eso puede ser literalmente cierto. Incluso entonces, debemos hacer lo que podamos. Nunca vemos el impacto final de dar un poco de nuestro tiempo, una parte de nuestras habilidades y energía, o nuestras "dos monedas pequeñas", pero mi alcance está más lejos de lo que podemos imaginar. El reconocimiento de Jesús de que el don de sacrificio de la viuda era "más que todos los demás" no solo es cierto en principio, sino que también es literalmente cierto cuando se consideran todas las ofrendas que su ejemplo ha inspirado desde que Jesús compartió su historia. Si queremos seguir a Jesús, nuestra generosidad debe encarnar el tipo de sacrificio que él enseñó y demostró, tanto en su vida como en su muerte.

Como muestra también el ejemplo de Jesús, nuestro mandato de dar generosamente se extiende más allá de los pobres e incluye más que solo nuestros recursos financieros. Mas bien, debemos ser dadores generosos de nuestro tiempo, energía, atención, palabras reflexivas, habilidades, talentos y actos de bondad hacia quien Dios, en su soberanía, atraviesa nuestros caminos o está a nuestro alcance. Por lo general, esto comenzaría con nuestras familias y avanzaría hacia los vecinos, compañeros de clase, compañeros de trabajo y otros en nuestras comunidades. Incluiría camareros, empleados de almacén, empleados de gasolineras y otras personas que nos sirven, y sin duda incluiría a nuestras iglesias comprometidas en equiparnos para servir a Cristo y su reino. Sea cual sea el alcance o la amplitud de nuestro alcance, Jesús nos llama a hacerlo con generosidad, buscando intencionalmente a aquellos que podrían beneficiarse de algo que podríamos darles. Al dar nuestras vidas por su causa, Jesús dijo que finalmente encontraremos una mayor bendición y calidad de vida (Hechos 20:35).

***Principio 12: Sé un dador generoso,
especialmente con aquellos que son pobres,
necesitados o vulnerables.***

No Se Necesita Vindicación

Decide qué ser y vete.

-The Avett Brothers

Se cuenta la historia de Jesús y sus discípulos en dirección a Jerusalén, pero buscando quedarse en un pueblo samaritano en el camino. Jesús ya era en ese momento, una "estrella de rock" en esas partes del mundo, una celebridad de buena fe con la gente que amaba codearse. Su ministerio estaba firmemente establecido, y la palabra de esas señales y fantásticos milagros estaba muy extendida. Si bien su enseñanza provocó a la gente religiosa en esos días incluso algunos de ellos lo siguieron en secreto, y otros, especialmente los pobres y los enfermos, e incluso la gente de vida inmoral que nunca pondrían un pie en la iglesia, clamaban por estar cerca de él, aunque solo fuera tocar su túnica. No es tan diferente a como actuamos en relación con las celebridades porque nos convencemos a nosotros mismos de que estar cerca de alguien importante de alguna manera nos hace más importantes.

Seguramente los despreciados samaritanos tuvieron que pensar con cariño en Jesús, ¿verdad? Aunque era judío, a menudo hablaba de ellos mientras enseñaba a los judíos. Pero, a diferencia de otros rabinos, Jesús no condenó sus creencias ni las convirtió en la broma; más bien, los representó con dignidad y respeto. Después de todo, la historia sobre el hombre golpeado y robado en el camino de Jerusalén a Jericó, no fue el sacerdote judío o el ministro laico quién entendió como ser un buen vecino de su compatriota herido, era solo el samaritano (Lucas 10: 25-37). Y cuando Jesús sanó a diez leprosos, la mayoría de los cuales, sin duda, eran judíos, solo un samaritano tuvo los buenos modales para regresar y dar las gracias (Lucas 17: 11-19).

Jesús estableció la pauta temprana en su ministerio cuando se negó a evitar Samaria en un viaje, pero pasando directamente, entabló una conversación y tomó un trago de agua con una mujer samaritana que tenía un novio y cinco matrimonios fracasados. Cuando vio que él era alguien especial, ella corrió y trajo a sus vecinos y probablemente a su novio, y los llevó a Jesús, quien les enseñó un poco más y hasta se quedó con ellos por un par de días (Juan 4: 16-40). Sí, alguna vez hubiera un grupo de personas que debieran a Jesús, serían los samaritanos.

> Y envió mensajeros delante de ÉL; y ellos fueron y entraron en una aldea de los samaritanos para hacerle preparativos. Pero no le recibieron, porque sabían que había determinado ir a Jerusalén. Al ver esto, sus discípulos Jacobo y Juan, dijeron: Señor, ¿quieres que mandemos que descienda fuego del cielo y los consuma? Pero Él, volviéndose, los reprendió, y dijo: Vosotros no sabéis de qué espíritu sois, porque el Hijo del Hombre no ha venido

para destruir las almas de los hombres,
sino para salvarlas. Y se fueron a otra aldea.
(Lucas 9:52-56 LBLA)

No es de extrañar que los discípulos estuvieran enojados cuando estos excluidos no le mostraran respeto o hospitalidad a Jesús. ¿No sabían quién era? ¿Es esa una forma de tratar al Mesías? En su reacción, los discípulos esencialmente estaban diciendo: "Enviemos a estos rechazados e insolentes un recordatorio de quién eres, Señor. ¿Qué debería ser, fuego del cielo? Vamos a acabarlos Jesús y hacerles reconocer quién eres". No somos muy diferentes, actuando como si Cristo y su reino necesitaran una justificación espectacular o irresistible, si no con nuestro vehemente evangelismo y golpeteo de la Biblia, quizás a través de la legislación o decisión judicial.

Pero Jesús no quiso ni necesitó a sus primeros discípulos para justificarse entonces, y no quiere ni necesita que lo vindiquemos ahora. Ese no es su espíritu, él dice. Y si realmente somos sus seguidores, entonces mostraremos su espíritu. La forma en que las personas que no reconocen a Jesús aún tendrán una oportunidad si los que pretendemos conocerlo realmente lo seguimos, viviendo la vida como nos enseñó y nos mostró: amar a Dios por encima de todo lo demás y honrarlo en todo lo que hacemos, no mantener las injusticias de otros en contra de ellos, no juzgar o "hacer una demostración" de nuestra religión, no ser codiciosos sino ser generosos, mantener nuestra palabra, ser líderes serviciales que valoran y buscan la reconciliación cuando las relaciones se rompen, confiando en Dios y valorar las realidades espirituales de la vida más que todas las cosas materiales o físicas, y amar como queremos ser amados, para empezar. Entonces, será mucho más probable que la gente nos escuche cuando compartamos lo que él nos enseñó, y algunos incluso se darán cuenta de que se puede confiar en Jesús, seguirlo a las aguas del bautismo y convertirse en sus discípulos también. En cualquier caso, a través de nosotros viviendo el camino de Jesús, verán quién es él realmente y quiénes somos realmente.

¿Si No Es Ahora, Cuándo?

Últimamente me parece. Qué viaje tan largo y ha sido extraño

–The Grateful Dead

Al principio del ministerio de Jesús, sus hermanos incrédulos trataron de presionarlo para que asistiera al Festival de Tabernáculo en Judea. Dijeron que sí quería ser una verdadera figura pública, necesitaba mostrarse en el centro del pueblo para que más personas pudieran ver quien él era (Juan 7:2-5). Sus hermanos razonaron que una brillante muestra de poder alrededor de Jerusalén durante una gran fiesta religiosa era la manera en que él podía hacer este gran estallido. Jesús resistió la presión, luego se fue en secreto por su cuenta. Incluso antes de que la gente se diera cuenta de que estaba allí, se estaba produciendo una gran charla sobre él:

> Entre la multitud corrían muchos rumores acerca de él. Unos decían: "Es una buena persona". Otros alegaban: "No, lo que pasa es que engaña a la gente." (Juan 7:12)

Los diferentes puntos de vista no son sorprendentes, dados los diversos reclamos y milagros atribuidos a Jesús. Muestran el dilema que las personas han tenido, y siempre tendrán acerca de Cristo por las causas de sus palabras y de su vida. Decir "es un hombre bueno" significa esencialmente que hay que creer en las impactantes declaraciones de Jesús, mientras que "engaña a la gente" significa que no hay que creerle.

Este pasaje me recuerda la famosa observación de C.S. Lewis en la que sostiene que las afirmaciones de Jesús acerca de tener el poder de perdonar los pecados nos dejan solo con tres conclusiones razonables, es decir; que él era un mentiroso, un lunático o el Señor (Lewis 2001, 53-54). Lewis parece ignorar otra opción lógica, que Jesús era una leyenda, o al menos no hizo las afirmaciones que se le atribuyen, lo que parece ser un ataque más popular por parte de los críticos modernos. Aun así, dado que la Biblia es donde obtenemos nuestro relato de esta persona llamada Jesús, aún quedan dos opciones fundamentales que una persona que piensa puede elegir: aun Jesús revela en las escrituras en creer o no creer (ya sea porque era un personaje engañador, delirante, mítico, o no dijo las cosas que se le atribuyen en la Biblia). Cada uno de nosotros debe tomar la decisión por sí mismo. Ambas opciones son presuposiciones de fe, y al igual que los hermanos de Jesús, no llegamos a la fe por ósmosis, o simplemente merodeando el personaje.

En el diálogo de Jesús con Nicodemo, explicó que, para ser parte del Reino de Dios, debemos experimentar un nacimiento espiritual que ocurre cuando "creemos en él" (Juan 3:16). Ese mensaje simple ha sido reestructurado y distorsionado en frases como "pedirle a Jesús que entre en tu corazón", afirmando "cuatro leyes espirituales" o "pedirle a Jesús que sea tu Salvador personal". Si estas descripciones te ayudan a entender lo que significa "creer en él", entonces puede que no haya daño, pero parece que Jesús lo dijo de una mejor manera. En su esencia, creer en él debe significar creer lo que dijo (incluso si, para propósitos de discusión, usted sostiene que la Biblia contiene solo lo que se dice que Jesús dijo). Eso es realmente lo que queremos decir cada vez que decimos que creemos en alguien, y cuando lo reduces aún más, creer verdaderamente lo que alguien dice significa vivir como si fuera verdad.

Podemos ilustrar eso en algo tan sencillo como reunirse con un amigo o cliente para el almuerzo. Cuando me diga que se quiere reunir conmigo en el restaurante mañana al mediodía, mi creencia se demuestra en ir al restaurante a la hora acordada. Al actuar como sí vas a estar allí, ha dado esencia a lo que espero (Hebreos 11:1), es decir que aparezcas como has dicho. A la inversa; y sí esperara para llamar al restaurante al mediodía para confirmar si estas allí antes de ir, podría decir con razón que no creía en usted.

Jesús tenía mucho que decir sobre quién era él y qué había venido a hacer. Como hemos visto, el registro bíblico de que Jesús afirmó que era el Mesías prometido en el Antiguo Testamento (Juan 4:26), el hijo de Dios (Mateo 16:16-17), que es igual a Dios (Juan 10:30), que existe desde la eternidad pasada (Juan 8:57-58), y tener el poder de perdonar los pecados (Mateo 9:2). También dijo que vino a buscar y salvar a los perdidos (Lucas 19:10), darnos palabras de Dios sobre cómo vivir la vida abundante, plena y eterna que se nos concede (Juan 14:24, 6:63; 10:10), dar su vida voluntariamente como rescate por nosotros (Mateo 20:28, Juan 10:11), y resucito de entre los muertos después de que fue asesinado (Mateo 17:22-23). Jesús dijo además que, al creer en él, aunque muramos, viviremos (Juan 11:25, 6:40), y aunque permanece con nosotros en espíritu, ha ido a preparar un lugar para nosotros y nos recibirá. para sí mismo cuando morimos o él regrese (Juan 14: 1). En su esencia, creer en Jesús significa vivir como si su declaración acerca de quién era y de lo que vino a hacer, sea cierta.

El apóstol Pedro una vez escribió:

> Más bien honren en su corazón a Cristo como Señor. Estén siempre preparados para responder a todo el que les pida razón de la esperanza que hay entre ustedes. (1 Pedro 3:15)

Solía pensar que necesitaba defender a Dios y derrotar los argumentos de aquellos que se oponían a Jesús. Gran parte de mi estudio como estudiante de filosofía y lector de libros sobre recursos de apologética que realize para aprender y poder articular ese "argumento perfecto" para demoler cualquier objeción que un crítico de Jesús pueda ofrecer. Ahora, me doy cuenta de que esto no es ni mi carga ni lo que Pedro quiso decir. Más bien, necesito estar preparado para decirle a alguien si me pregunta por qué creo en Jesús. He aquí por qué creo:

• Cuando tenía doce años, escuché a un predicador en el servicio de la iglesia leer las palabras de Romanos 10:9, Si declaras con tu boca: 'Jesús es el Señor' y crees en tu corazón que Dios resucitó de los muertos, seré salvo." Al escuchar ese verso, experimenté un sentido agudo y abrumador en mi espíritu interior de que necesito tomar una decisión ya sea por Dios (a través de Jesús) o contra Él. Era innegable, y respondí a ese tirón en mi espíritu, caminé por el pasillo de esa iglesia desconocida (con "rodillas temblorosas") y dije que sí, aunque en ese momento tenía poco entendimiento sobre Jesús o la Biblia. Mas tarde seguí el mandato de Jesús y el ejemplo de ser bautizado.

- Desde esa decisión inicial de decirle si a Dios. He encontrado varias veces a lo largo de mi vida que Dios ha aparecido en una variedad de formas inesperadas y tangibles. Algunos son tan improbables que me llevaría más fe descartarlos como una casualidad o una coincidencia, y estos me sirven como una confirmación de que Dios es real y está presente en mi vida (como dijo Jesús).

- Mi estudio de la Biblia de toda la vida me ha convencido de que es una historia cohesiva, entretejida a lo largo de sus diversos libros y capítulos, a pesar de que se escribieron durante miles de años por numerosos autores. La narrativa esencial es que, en respuesta a nuestra desobediencia, Dios en su amor prometió enviar a alguien a un gran costo personal, anularía la obra de nuestro adversario espiritual y nos salvaría de nuestros pecados. El prometió que nacería de una mujer, de los descendientes de Abraham, de la tribu de Judá y de la casa del rey David. Sería el hijo de Dios, nacido en Belén, quien establecería y gobernaría sobre un reino que nunca terminará, donde prevalece el amor y se realiza la justicia y la paz, y todas las cosas se están redimiendo, restaurando y hechas nuevas.

- El relato de la Biblia de por qué existe algo y por qué existen muchas cosas, aunque a menudo en lenguaje poético, es creíble y consistente al abordar la gran cuestión de la vida:

1. ¿De dónde venimos? [Dios nos hizo.]

2. ¿Porque hay tanto quebrantamiento, dolor y sufrimiento en este mundo? [Nosotros los pecadores, elegimos deliberadamente desobedecer a Dios y tomar nuestro propio camino, y tendremos las consecuencias de nuestras elecciones.]

3. ¿Lo puedo arreglar? [Si, el amor de Dios envío a Jesús para remediarlo, a través de su vida, muerte y resurrección y en él nos llama a participar en su reino, Jesús es Redentor y Restaurador de las personas y toda la creación trae el cielo a la tierra.]

4. ¿A dónde iremos? [Estaremos dirigidos aún tiempo y lugar de paz donde la justicia y la rectitud están establecidas, todas las cosas son hechas nuevas, no habrá más enfermedad, lamento, dolor o muerte, y vamos a habitar con Cristo en cielo y en tierra nueva por siempre.]

- La revelación bíblica sobre la naturaleza humana de cada uno de nosotros tiende a elevar sus propios intereses por encima de los intereses de los demás, explica nuestro comportamiento y está empíricamente valida por la experiencia humana. Ademas, explica la funcionalidad y las fallas de varios sistemas humanos de economía y gobierno.

- Las enseñanzas de Jesús sobre cómo debemos vivir nuestra vida, tal como las revela la Biblia, son verdaderas, eficaces y conducen al gozo, la esperanza, la paz y el amor que él prometió. En cambio la vida contraria de estas enseñanzas es el camino que el mundo describe lleva a dolores de cabeza, quebrantamiento, al mal, muerte y la destrucción.

Leo en la Biblia que el Espíritu es la fuente de esta vida que estoy experimentando, y no hay duda en mi mente que así sea. Si bien he dado pasos en falso y he cometido muchos errores en el camino, la trayectoria general de mi vida ha sido intencionalmente la búsqueda de seguir a Jesús, a quien he confesado como Señor y Salvador, por mas de cuarenta años. Hay una cualidad en mi experiencia de vida que es diferente y más vívida de lo que podría haber imaginado, y está presente a través de mis altibajos de mi vida.

Como Jesús le dijo a Nicodemo, es difícil de explicar es como que fuera el viento, que no podemos ver pero sabemos que es real (Juan 3:8). Sé lo que está describiendo, lo usa como confirmación a mi primera respuesta inestable e incierta hace algunos años que el Espíritu me dio. El salmista dijo. "Prueba y ve que el Señor es bueno; Bienaventurado el que se refugia en Él" (Salmo 34:8). Lo he hecho, y los invito respetuosamente a hacer lo mismo.

REFERENCIAS

Written Works:

1. Auden.W.H. 1991. Whitsunday in Kirchstetten"
   Collected Poems, editado por Edward Mendelson. New
   York: Vintage.

2. Augustine. 1993. *Confessions* I, 1, traducido por F.J.
   Sheed. Indianapolis: Hackett.

3. Bonhoeffer, Dietrich.1995. *The Cost of Discipleship.*
   New York: Touchstone.

4. Campolo, Anthony. 1994. *Carpe Diem.* Nashville
   Word.

5. Elliot, Jim. 1978, *The Journals of Jim Elliot*, editado
   por Elisabeth Elliot. Gran Rapids: Revell.

6. Hugo, Victor. 1980. *Les Miserables*, traducido por The
   Folio Society Limited. London: Penguin.

7. Keith, Kent M. 2001. *Anyway: The Paradoxical
   Commandments: Finding Personal Meaning in a
   Crazy World.* Maui: Inner Ocean.

8. Keller, Timothy J. 2008. *The Gospel and the Heart,*
   Reading 2.2 "Idols of the Heart."
   https://www.scribd.com/doc/50551002/0410-001-
   Tim-Keller-pdf.

9.   Lewis, C.S. 2001, *Mere Christianity*. New York: HarperCollins.

10.   Lewis, C.S. 1960. *Essay on Forgiveness*. New York: Macmillan.

11.   Linn, Amy. 2015. Forgiving Someone Who Kills Your Loved One Seems Impossible. Until it Isn t." *Sojourners*, October 30. http://www.sojo.net/articles/forgiving-someone-who-kills-your-loved-one-seems-impossible-until-it-isn-t.

12.   McDonald, George. 1990. *Knowing the Heart of God*, compiled, arranged and edited by Michael R. Phillips. Minneapolis: Bethany House.

13.   Miller, Donald. 2004. *Searching for God knows What*. Nashville: Thomas Nelson.

14.   Morrow, Lance. 1984. People John Paul II Forgives His Would-be Assassin." *Time*, January 9.

15.   15. Sproul, R.C. 2015. What Does Coram Deo Mean?" *Ligonier Ministries Blog*, May 27. http://www.lingonier.org/blog/what-does-coram-deo-mean/.

16.   16. Tillich, Paul. 1963. *The Eternal Now*. New York: Scribner.

17.   17. Yancey, Philip. 1997. *What s So Amazing About Grace?* Grand Rapids: Zondervan.

Palabras Dichas:

1.   King, Jr., Martin Luther. 1957. Loving Your Enemies,"
     Audio Recording of Sermon delivered at Dexter
     Avenue Baptist Church, Montgomery, Alabama,
     November 17.
     http://kingencyclopia.stanford.edu/encyclopedia/doc
     umentsentry/doc_loving_your_enemies/index.html.

2.   Ryken, Philip G. 2014. Wheaton College (IL) Alumni
     Dinner, Speech, Orlando, Florida, March 7.

Canciones (en orden de referencia):

1.   Neil Diamond, "I m a believer" (*More of the Monkees*,
     Colgems 1967)

2.   Pierce Pettis, "You Move Me" (*Making Light of It*,
     Compass 1996)

3.   Jon Anderson and Chris Squire, "Your Move" (*The Yes
     Album*, Atlantic 1971)

4.   T-Bone Burnett, "The Power of Love," (*Truth Decay*,
     Takoma 1980)

5.   Bob Dylan, "License to Kill," (*Infidels*, Columbia 1983)

6.   Don Henley, "The Heart of the Matter" (*The End of the
     Innocence*, Geffen 1989)

7.   Bob Marley, "Judge Not" (Beverley's 1962)

8. Carly Simon, "You're So Vain" (*No Secrets*, Elektra 1972)

9. Bruce Cockburn, "A Dialogue with the Devil" (*Circles in the Stream*, remasters, Rounder, 2005)

10. Mark Knopfler, "Why Worry?" (*Brothers in Arms*, Warner Bros. 1985)

11. Pete Byrne and Rob Fisher, "Promises, Promises" (*Burning Bridges*, EMI 1983)

12. Joe Strummer and Mick Jones, "Know Your Rights" (*Combat Rock*, Epic 1982)

13. Paul McCartney and John Lennon, "We Can Work it Out" (Capitol 1965)

14. Bob Dylan, "Gotta Serve Somebody" (*Slow Train Coming*, Columbia 1979)

15. U2, "One" (*Achtung Baby*, Island 1992)

16. The Avett Brothers, "Headful of Doubt/Road Full of Promise" (*I and Love and You*, America 2009)

17. Jerry Garcia, Bob Weir, Phil Lesh and Robert Hunter, "Truckin" (*American Beauty*, Warner Bros. 1970)

Principios del Camino de Jesús

Principio 1: Amar a Dios—por sobre todo. Considéralo en todo lo que haces.

Principio 2: Ama a los demás—busca su bien te guste o no te guste a ti o a ellos, hazlo incluso si te cuesta.

Principio 3: Perdona a los demás—no mantengas sus errores contra ellos.

Principio 4: En lugar de juzgar a los demás y centrarte en sus faltas, comienza por las tuyas.

Principio 5: No hagas una demostración de tu religión ni llames la atención sobre tus buenas acciones.

Principio 6: Valorar las realidades espirituales de la vida incluso más que las realidades materiales o físicas.

Principio 7: En lugar de preocuparte por el futuro, las cosas materiales o lo que no puedes controlar, confía en que Dios te ama y te proveerá.

Principio 8: Sé una persona de palabra.

Principio 9: En lugar de exigir tus propios derechos, sirve a los demás.

Principio 10: Confronta amorosamente y enfrenta el conflicto de la relación.

Principio 11: No seas codicioso acumulando dinero o cosas.

Principio 12: Sé un dador generoso, especialmente con aquellos que son pobres, necesitados o vulnerables.

"Si me amas, mantén mis mandamientos." - Jesús

9 798847 241892